Edi Pestalozzi

So schmeckt Himmel

Zwölf Reden zum Reich Gottes

SCHLEIFE VERLAG

© 2018 Edi Pestalozzi

So schmeckt Himmel
Zwölf Reden zum Reich Gottes

1. Auflage März 2018
© Schleife Verlag, Pflanzschulstrasse 17, CH-8400 Winterthur, Schweiz
Tel +41 (0)52 2322424, Fax +41 (0)52 2336082
Email: verlag@schleife.ch
www.schleife.ch

ISBN 978-3-905991-37-6?
Bestellnummer 120.128

Die Bibelstellen am Anfang der Kapitel sind der Neuen Genfer Übersetzung sowie der Zürcher Bibel entnommen. Die Bibelstellen im Text wurden frei aus der Lutherbibel, der Zürcher Bibel und der Hoffnung für Alle zitiert.

Lektorat: Judith Petri, Thomas Bänziger
Gestaltung: Jörg Steinmetz
Satz: Nils Großbach
Druck: optimal Media, DE-Röbel

Alle Rechte vorbehalten, auch für auszugsweise Wiedergabe und Fotokopie.

Inhaltsverzeichnis

Geleitwort 5

Vorwort 9

Hackordnung 11

Ein König – ein Volk – ein Land 21

Reich Gottes ist wie ein Fest 33

Reich Gottes tickt anders 45

Kampf der Geschlechter –
oder ist uns Männern noch zu helfen? 57

Wenn alles zerbricht 71

Feueröfen 83

Wer kann das bezahlen? 95

Was sind lebendige Steine? 103

Leitungsstil im Reich Gottes 113

Der fünffältige Dienst: Apostel, Propheten, Lehrer,
Hirten, Evangelisten – und mein Strickmuster 123

Christus nimmt uns in seine Hände 135

Geleitwort

Pfarrer Edi Pestalozzi, der als Diener am göttlichen Wort in Basler Gemeinden und in der Stadtmission Basel, aber auch schweizweit und über die Landesgrenzen hinaus ein eindrückliches Leben für Gottes Wort lebt, legt mit dem vorliegenden Buch Reich-Gottes-Prinzipien vor.

Das Wort «Prinzip» stammt aus dem Lateinischen (*principium*) und bedeutet «Anfang». Prinzipien sind also Anfänge. Als Christinnen und Christen können wir aber das Wort «Anfang/*principium*» nicht denken, ohne es auch griechisch zu denken, zumal das Johannesevangelium mit den Worten beginnt: «Im Anfang war das Wort ...» (in der lateinischen Übersetzung: *in principio erat verbum*). Johannes teilt dann auch mit, *wer* dieses Wort ist: nämlich Christus. Das Prinzip des Christenmenschen ist folglich Christus. Und hier kommt die spezifische Bedeutung dazu, die das Wort für «Anfang» im Griechischen hat. Das griechische Wort *arché*, das Johannes verwendet, meint nämlich nicht nur «Beginn», sondern es bedeutet auch «Herrschaft». Das Prinzip des Christenmenschen, also sein Anfang und seine Herrschaft, ist Christus. Christus ist Anfang des Christenmenschen und er herrscht über ihn. «Prinzip» ist daher kein Lehrsatz und auch kein Gesetz, sondern Prinzip ist uns Christinnen und Christen eine Person.

Es gilt somit: Was man als «Prinzip» beschreibt, dessen Herrschaft unterwirft man sich. Die Welt unterwirft sich der Herrschaft von Zahlen und Hackordnungen, wie Edi Pestalozzi im ersten Kapitel dieses Buches eindrücklich beschreibt. Die Kirche aber unterwirft sich Christus, und darum gelten den Christusgläubigen nicht die Zahlen und Hackordnungen als Prinzipien, sondern die *Kenosis*, die Selbstentäusserung.

Die weltliche Grosserzählung stellt sich unter die Herrschaft der Zerstörung. Das zeigt sich daran, dass sie den «Anfang» von allem im «Urknall» sieht und das Ende von allem im «Endknall» erwartet. Die biblische Grosserzählung stellt sich unter die Herrschaft der Kreativität. Das zeigt sich daran, dass sie den «Anfang» von allem in einem Schöpfungsakt sieht und das Ende von allem in der «Neuschöpfung». Und beide sind uns nicht Punkte auf einem Zeitstrahl, sondern sie sind Person. Denn Christus spricht: «*Ich* bin der Anfang und das Ende.» Anfang und Ende sind *creatio christi*. So endet dieses Buch mit einem Kapitel, das überschrieben ist mit «Jesus nimmt uns in seine Hände». Er herrscht, indem er uns in seine Hände nimmt. Auch am Ende. Unser Ende ist kein Endknall, keine Endzerstörung, sondern die Neuschöpfung in der Person Jesu Christi, die das Brot bricht.

Was für ein schönes Büchlein! Möge es viele Leserinnen und Leser finden. Möge die Grosszügigkeit Gottes Sie, liebe Leserin und lieber Leser, daraus ansprechen und Ihnen Trost und Zuversicht geben, dass der Glaube, die Liebe und die Hoffnung, in denen Sie leben, jenem die Herrschaft überlassen, der Sie zutiefst erfüllt: Jesus Christus.

Lukas Kundert
Kirchenratspräsident
der Evangelisch-reformierten Kirche
des Kantons Basel-Stadt

Vorwort

Gott hat in der postmodernen Gesellschaft einen schweren Stand. Religion ist out. Oder Religion gilt als gefährlich, weil aggressiv.

Andererseits pflügen sich ur-religiöse Begriffe den Weg in unseren Alltag. Man spricht beispielsweise von himmlischen Düften. Und selbst eher nüchterne Menschen legen sich zuweilen gern in ein romantisches Himmelbett. Himmel ist immer noch eine Chiffre für eine unserer tiefsten Sehnsüchte.

Der Rabbi aus Galiläa sprach von seinem himmlischen Reich. Er vertröstete seine Zeitgenossen nicht auf ein wolkenverborgenes Jenseits. Er zog das Himmelreich auf unsere Erde. Er lehrte seine Leute beten: «Wie im Himmel, so auf Erden.» Und wo er ist, da ist Himmel. Die folgenden Texte laden zu einer Begegnung mit ihm ein: So schmeckt Himmel.

Viele Gedanken dieses Buches sind während der Nacht gereift. Vielleicht bin ich als Theologe ein Nikodemus, der die Begegnung mit dem Rabbi in der Nacht sucht. Dessen Worte zielen allerdings in den hellen Tag. Unser Verhalten am Tag zeigt, was die Motive unseres Innersten sind. Aber das Wort braucht die Stille, in der ich mich ihm aussetze, mich mit ihm treffe, damit es seine Kraft entfaltet.

Es ist wie bei der Hefe, die Wasser und Mehl beigemengt wird. Die Hefe entfaltet dann ihre Kraft. Wenn das Wort mit unserem Alltag in Berührung kommt, in unseren Alltag hineingeknetet wird, entfaltet sich ebenfalls Kraft. Ein Prozess beginnt. Unser Leben bekommt Luft und Leben.

Am Anfang jedes Kapitels steht ein Text aus der Bibel. Die Auslegung soll den Prozess auslösen. Damit auch unser Leben wie Himmel schmeckt.

Die Predigten sind für die Gellertkirche in Basel entstanden. Hier treffen sich unterschiedliche Generationen zu zwei bis drei Gottesdiensten pro Sonntag. Die Gottesdienste sind vom Stil her unterschiedlich – die Predigtthemen bleiben bewusst in allen Gottesdiensten dieselben. Ich danke meinen aufmerksamen und herausfordernden Zuhörerinnen und Zuhörern.

An dieser Stelle möchte ich auch dem Schleife Verlag, namentlich Herrn Marcus Watta und der Lektorin Judith Petri, für die freundschaftliche Zusammenarbeit bei der Entstehung dieses Buches herzlich danken.

Edi Pestalozzi

Hackordnung

Er, der Gott in allem gleich war und auf einer Stufe mit ihm stand, nutzte seine Macht nicht zu seinem eigenen Vorteil aus. Im Gegenteil: Er verzichtete auf alle seine Vorrechte und stellte sich auf dieselbe Stufe wie ein Diener. Er wurde einer von uns – ein Mensch wie andere Menschen. Aber er erniedrigte sich noch mehr: Im Gehorsam gegenüber Gott nahm er sogar den Tod auf sich; er starb am Kreuz wie ein Verbrecher. Deshalb hat Gott ihn auch so unvergleichlich hoch erhöht und hat ihm als Ehrentitel den Namen gegeben, der bedeutender ist als jeder andere Name. Und weil Jesus diesen Namen trägt, werden sich einmal alle vor ihm auf die Knie werfen, alle, die im Himmel, auf der Erde und unter der Erde sind. Alle werden anerkennen, dass Jesus Christus der Herr ist, und werden damit Gott, dem Vater, die Ehre geben.

Philipper 2,6–11

In unserer Welt besteht eine ausgeklügelte Hackordnung. Diese Hackordnung steckt uns in den Knochen: Je nachdem, welches Kind du in der Geschwisterreihe bist, weisst du genau, wie gehackt wird. Die Grossen von oben, die Kleinen ans Schienbein. Spätestens in der Schule werden auch die Einzelkinder gehackt. «Ich trete in keinen Verein ein», singt Reinhard Mey; er hat keine Lust gehackt zu werden. Für bevorstehende Bundesratswahlen setzen sich Hühner und Gockel in eine lange Reihe – und es wird gehackt, bis es nur noch eine bzw. einer ist. Am Arbeitsplatz gibt es oft dreifach «Gehacktes»: die unten, die ganz unten und die Gemobbten. Wer mehr weiss und es besser weiss, der dominiert die Medien. Wer an Filmfestivals die abartigsten Filme lanciert, der hackt am besten.

Sind die Kirchen frei von Hackordnung? Setz dich zu einer Synodesitzung auf die Tribüne und urteile selbst. Ich unterstelle niemandem bösen Willen, aber vielleicht tragen unsere reformierten Kirchtürme nicht ganz zufällig einen Gockel mit einem Hackschnabel. Unsere reformatorischen Kirchen brachten eine unselige Saat von Spaltungen, weil es irgendeiner jeweils noch genauer und besser wusste. Freut sich Gott darüber?

Die Weltgeschichte ist eine «Hack-Geschichte». Verletzte Moslems, die über Jahrhunderte von Christen als Zweitrangige gehackt worden sind, mobilisieren zur Revanche. Und wollen die reichen Nationen etwa freiwillig teilen? Wir verteidigen hackend unsere Privilegien.

Es regieren Eigennutz, Geltungsdrang, Streben nach Ehre, Überlegenheit, Rechthaberei. Als Kehrseite davon scheuen sich viele Schweizer, sich zu profilieren und Verantwortung zu übernehmen. Aus Scheu oder Bequemlichkeit lassen sie lieber die Finger von öffentlicher Verantwortung. Wer will schon öffentlich gehackt werden? Elende Menschheit, wer wird uns befreien von diesen Ketten (Römer 7,14)? Wir alle sind Teil dieser mörderischen Hackordnung.

Jesus durchbricht die Hackordnung

«*Obwohl er in göttlicher Gestalt war, hielt er nicht selbstsüchtig daran fest, Gott gleich zu sein*» (Vers 6). Jesus war ganz oben. Jesus war von Anfang an bei Gott. Jesus ist Gott. Alle Dinge sind durch das Wort seiner Macht geschaffen, steht im Hebräerbrief geschrieben. Er ist das Ebenbild des unsichtbaren Gottes. Durch ihn und zu ihm hin ist alles geschaffen, bezeugt uns der Kolosserbrief.

Jesus hätte das Recht gehabt, beim Vater zu residieren und zu bleiben. Dort, wo keine Hackordnung existiert; wo der Vater und der Sohn und der Geist sich lieben, achten und ehren; wo die Atmosphäre rein und zuvorkommend ist; wo keinerlei dicke Luft herrscht – stattdessen Klarheit, Reinheit, aufgeräumte Beziehungen.

Doch Jesus entscheidet sich, seine Stellung und seine Ehre aufzugeben. «*Er verzichtete darauf, wie Gott zu sein, und wurde den Menschen ähnlich*», heisst es in unserem Text. Von der Königswürde taucht er ab in eine Futterkrippe. Kaum geboren teilt Jesus das Flüchtlingselend, weil König Herodes schon nach ihm hackt.

Er wird versucht und geäfft vom Teufel. Er hat Hunger wie viele Menschen. Er lebt in einem Kaff namens Nazareth im Hinterland Galiläas, macht dreissig Jahre lang einen unscheinbaren Job als Zimmermann, dient seinem Adoptivvater, seiner Mutter und seinen jüngeren Geschwistern.

«*Er nahm Knechtsgestalt an*» (Vers 7). Jesus hatte nie ein geregeltes Einkommen, sprach dafür vom Reich Gottes und legte Kranken seine Hände auf. In ihm brannte das Verlangen, mitten in die Hackordnung der Welt seine neue Ordnung zu bringen. Und er brachte dieses neue Muster nicht mit Vorschriften und Befehlen, sondern indem er Füsse wusch. Wie der letzte Haussklave kniet er sich vor jeden seiner Freunde, auch vor seinen Verräter Judas. Alle hatten heisse, dreckige Füsse und keiner wollte diesen Sklavendienst ausführen. Doch Jesus durchbricht die Hackordnung und proklamiert damit seine neue Ordnung: «*Wer unter euch gross sein will, sei euer Diener*» (Markus 10,43).

Petrus macht unsinnigerweise noch einen Aufstand – er kann nicht anders. Er ahnt, dass sich da eine andere Dimension öffnet. Aber die Denkmodelle des Petrus sind nach wie vor geprägt von der Hackordnung. Darum «dealt» Petrus postwendend mit Jesus: «Komm, wasch mir doch gleich Kopf und Hände …» Ach Petrus! Und ach Petrus in mir! Es geht um etwas ganz anderes. Jesus, der Erlöser aus der zerstörenden Hackordnung, berührt dich, beruft dich, trifft dich. Lasse ich mich treffen? Oder lasse ich mir die Füsse waschen, die Schuld vergeben, doch verpasse es dabei, von Jesus und von seinem Dienerwesen berührt zu werden? Wer sich von Jesus berühren lässt, dessen Stolz schmilzt, dessen Hahnenkamm welkt.

Er wurde gehorsam bis zum Tod am Kreuz» (Vers 8). Jesus geht wie ein Lamm zur Schlachtbank. Er macht dem Teufel, diesem Lügner von Anfang an, der immerzu behauptet: «Wer hackt, gewinnt», die Weltherrschaft streitig – am Kreuz. Jesus durchbricht den Teufelskreis der Hackordnung. Jesus als Sklave verzichtet auf Kleider und Leben.

Manche mögen einwerfen: «Es hat Tausende gegeben, die von den Römern gekreuzigt wurden. Es hat Millionen gegeben, und es gibt immer noch solche, die namenloses Elend erleiden und sterben.» Wir beobachten: Genau in dieses Elend, in diese Hackerei begibt sich Jesus hinein – freiwillig, solidarisch, kennt darum allen Schmerz, alle Verzweiflung, kennt ihren Todesschrei. Wohlgemerkt: Jesus ist nicht irgendeiner. Er ist unser Gott. Doch er legte alle Gottheit ab und wurde Sklave. Er liess sich behaften, festnageln mit der Schuld der ganzen Welt.

Das Ganze passierte Jesus nicht, weil er so ein harmloser, naiver Kerl war. Er wurde nicht überfahren. In all seinem Dienen und Sich-Hineingeben hat Jesus regiert. Eine Fusswaschung, das war kein erzwungener Dienst mit geballter Faust im Sack und Minderwertigkeitsgefühlen. Da wurde regiert. Mit voller Autorität wusch Jesus Füsse und installierte die Ordnung des Reiches Gottes. Soll die Welt hacken – aber um diese Wasserschüssel herum, bei der Jesus kniete, war das Leben!

«Darum hat Gott ihn erhöht und ihm den Namen gegeben, der über allen Namen ist» (Vers 9). An Ostern gab Gott den Tarif durch: «Diesen Jesus, diesen meinen geliebten Sohn, den auferwecke ich – weil seine Art zu leben, Leben bringt. Er wird fertig mit der todbringenden Sünde, er wird fertig mit der tödlichen Hackordnung. Er weist den Weg zum Leben. Er inspiriert seine Nachfolgerinnen und Nachfolger.» An Pfingsten wurde der Geist des Dienens ausgegossen, der Fluch in Segen verwandeln kann.

Nicht gackern – dienen

Was geschieht mit uns, wenn wir tiefer verstehen, um was es Jesus geht? Sagst du ähnlich wie der jüngere Sohn zu seinem Vater im Gleichnis: «Gib mir meinen Teil, der mir zusteht, und ich haue ab und mache mir ein genussvolles Leben»? Denken wir: «Gib mir den Teil meiner Sündenvergebung, der Rest interessiert mich nicht»? Oder beginnen wir zu begreifen, dass Jesus tiefer zielt, dass unsere Lebensübergabe an ihn der Anfang ist? Dann werden wir hineingenommen in das Abenteuer einer immer tieferen Verbundenheit und Liebe mit ihm. Zuerst dient Jesus uns, und dann dienen wir. Aus empfangener Liebe dienen wir.

«Diese Gesinnung tragt in euch, die in Jesus war» (Vers 5). Das würde bedeuten: So wie sich Jesus dienend in die Welt hineingegeben hat, so dienen auch wir. So wie Jesus fleischgewordene Liebe Gottes geworden ist, so auch wir.

So wie Jesus die Hackordnung durchkreuzt hat, so auch wir. So wie Jesus als der neue Adam Diener ist, kann auch in uns eine neue Identität des Dienens reifen. Es hat mit der Umwandlung unseres Charakters zu tun. So wie das Haupt Jesus handeln will, so handelt auch sein Leib, also wir. Jesus bringt das neue Leben ohne Hackordnung, und wir kapieren: Was nützt es uns Menschen, wenn wir die ganze Welt gewinnen und am Ende das Leben verlieren? Wer sein Leben dienend verschenkt, wird es gewinnen.

Im Klartext: Du musst dich nicht zu ein bisschen mehr Dienstfertigkeit durchringen. Ein bisschen Dienst, weil das so christlich aussieht, weil das einen guten Eindruck macht – da steckt der Tod im Topf. Es geht tiefer: Jesus in dir dient anderen – oder Jesus in dir kommt nicht zum Zug. Sein Wesen ist Dienen.

In der Regie von Jesus

Ein kurzer Bericht aus unserem Heilungsraum: Eine Ärztin kommt aufgeregt zu uns und fragt: «Was habt ihr mit meinem Patienten gemacht? Aus jahrelanger, lähmender Krankheit ist er aufgebrochen und macht Schritte der Genesung ...» – «Sorry, wir haben uns nur hingekniet – Jesus hat es gemacht!» Die Ärztin hat gleichentags Jesus in ihr Leben aufgenommen. Der Clou der Geschichte: Der Patient, der Schwache, hat seiner Ärztin gedient. So funktioniert das in der Regie von Jesus.

Gott liebt dich, so wie du bist. Aber Gott weigert sich, dich so zu lassen, wie du bist. Er will, dass wir Jesus ähnlich werden. Dazu brauchen wir eine porentiefe Reinigung von den unzähligen Mustern unseres Hackens. Wir müssen gereinigt werden *wollen*. Sonst verbreiten wir andauernd Fluch statt Segen – womöglich mit frommen Vorzeichen.

Darum trainieren wir, in Jesus zu bleiben, in dieser dienenden Haltung von Jesus. Dabei muss immer wieder etwas in uns sterben. Das Muster, das hacken will, recht haben will, auftrumpfen will, muss ich loslassen. Dienen ist nicht Leistung – Jesus in mir dient. Immer wieder muss etwas in mir wie neu geboren werden, zaghaft, schmerzhaft. Christus in uns, die Hoffnung auf Herrlichkeit (Kolosser 1,27).

Ein Wort an die Frauen: Die einen haben Kinder geboren, die anderen nicht, aber tief in euch spürt ihr Frauen alle, da existiert ein Code in euch, dass nur durch Zagen und Schmerzen bis ans Limit neues Leben geboren wird. Ihr spürt: Dienen muss geboren werden. Ein Wort an uns Männer: Wer wagt es, in das tiefe Loch der Demut hinabzutauchen? Wir Männer müssen für diesen Tauchgang all unseren Mut zusammennehmen. Da stirbt der Macho in uns. Wir leisten gern – jetzt müssen wir etwas an uns geschehen lassen. Jesus dient uns. Aber ehrlich beobachtet: Gewinnende Männer sind Männer mit dienender Autorität. Lassen wir uns das durch Kopf und Herz gehen!

Und wenn wir, Frauen und Männer, in der dienenden Haltung von Jesus trittfest werden, dann werden – wie Jesus gekommen ist, um die Werke Satans zu zerstören – auch wir zerstörerische Machenschaften um uns herum entmachten und in Segen verwandeln. Eigentlich können wir gar nicht dienen. Aber Jesus in uns kann es – zur Ehre Gottes, des Vaters.

Ein König – ein Volk – ein Land

Macht euch also keine Sorgen! Fragt nicht: Was sollen wir essen? Was sollen wir trinken? Was sollen wir anziehen? Denn um diese Dinge geht es den Heiden, die Gott nicht kennen. Euer Vater im Himmel aber weiss, dass ihr das alles braucht. Es soll euch zuerst um Gottes Reich und Gottes Gerechtigkeit gehen, dann wird euch das Übrige alles dazugegeben.

Matthäus 6,31–33

Vor dem UNO-Gebäude in New York steht ein riesiges Kunstwerk: Ein gewaltiger Schmied behaut ein Schwert zu einer Pflugschar. Diese Skulptur erinnert an das Prophetenwort von Micha (4,1–3): «*Es wird geschehen in den letzten Tagen, da werden die Nationen sagen: Kommt, lasst uns hinaufziehen zum Berg des Herrn, zum Haus des Gottes Jakobs, dass ER uns seine Wege lehre und wir auf seinen Pfaden gehen. Wir brauchen das Wort des Herrn von Jerusalem. Und ER wird Recht sprechen zwischen vielen Nationen und Weisung geben. Und sie werden ihre Schwerter zu Pflugscharen schmieden.*»

Ganz unten in unserer Seele, gewissermassen im Bodensatz unserer Seele, den man nicht so leicht wegkratzen kann, ist eine tiefe Sehnsucht nach Frieden und Gerechtigkeit. Diese Sehnsucht ist uns Menschen quasi eingeimpft. Auch wenn sie verschieden eingefärbt ist, ist sie doch in allen Kulturen und Religionen zu finden. Das ist so, weil alle Menschen Ebenbilder des Schöpfers sind. Unser Schöpfer teilt uns mit: «Den Frieden gibt es. Deine Sehnsucht wird gestillt. Ich schaffe diesen Frieden.»

Reich Gottes ist ein Welt-Event

Reich Gottes ist ein globaler Begriff, ein Welt-Event. Wir klinken beim Thema Reich Gottes in einen Weltprozess ein. Da ist die Schöpfung mit ihren faszinierenden Schönheiten, das atemberaubende Firmament, die Neugeborenen und das Kinderlachen, das uns immer wieder fasziniert. Gleichzeitig sind wir irritiert, weil das Böse offensichtlich den Frieden weggefressen hat – und frisst. Krankheiten wüten als Vorboten des Todes. Katastrophen, Kriege und Terror schocken uns. Die Möglichkeiten der Zerstörung sind heute riesig.

Reich Gottes bedeutet Wiederherstellung. Gottes Ebenbilder finden wieder zurück. Wiederherstellung hat mit Jesus zu tun. Am Kreuz wendet Jesus unseren Fluch in

Segen. Wir alle haben «Drägg am Stägge», sind mitbeteiligt an der Zerstörung der göttlichen Schöpfung. Das haben wir Gott angetan. Jede und jeder kann weinen wie Petrus, der Jesus verleugnet hat. Aber die Gegenwart Gottes drängt in die Welt, in unser Leben. Gott stellt wieder her und vollendet, was er angefangen hat. Es steht so in der Bibel geschrieben.

Reich Gottes ist zunächst zukünftig: Wir erwarten das Reich. Gott setzt Zeiten fest (Apostelgeschichte 1,6). Andererseits ist das Reich Gottes nahe gekommen: Bei Jesus sahen dessen Zeitgenossen Frieden und Gerechtigkeit, plagende Dämonen fuhren aus, Kranke wurden heil, viele wurden in die Nachfolge gerufen, Jesus liebte die Tischgemeinschaft mit Sündern.

Reich Gottes ist Einladung. *«Wenn du heute seine Stimme hörst, verhärte dein Herz nicht!»* (Hebräer 3,7–8a). Wir können uns heute einklinken oder stehen bleiben. Der Täufer Johannes und Jesus rufen: «Stellt euch auf das kommende Reich ein! Schimpft nicht über die böse Welt, achtet besser darauf, was Gott in eurem Leben richten (sprich: zurechtbringen) will!»

Königsherrschaft Gottes: ein König – ein Volk – ein Land

«Seine Königsmacht herrscht über das All» (Psalm 103,19). Weil ein König ohne ein Volk bedeutungslos ist, erwählte Gott Israel zu seinem Volk. Die Stiftshütte, ein Zelt, war

das Zeichen, dass Gott mitten unter seinem Volk Israel wohnte. Im Bund mit Gott zu leben prägte nicht nur die Feiertage, sondern jeden Aspekt des Lebens – daher die Gebote und Regeln.

Als die Israeliten ins Land Kanaan kamen, sahen sie, dass die anderen Völker sichtbare Könige hatten. Darum monierten sie bei Samuel: «Wir wollen auch einen König, den man sieht!» Samuel wusste, was auf dem Spiel stand, und fragte Gott klagend, was er tun solle. Gott antwortete Samuel: «*Sie haben nicht dich, sondern mich verworfen, dass ich nicht mehr König über sie sein soll*» (1. Samuel 8,7). Gott liess sich als König von seinem eigenen Volk absetzen und blieb ihm trotzdem treu.

David verstand, dass Gott Jerusalem erwählt hatte. Darum holte David die Stiftshütte samt Bundeslade nach Jerusalem. Und als Salomo den Tempel einweihte und betete, da erfüllte die Gegenwart Gottes den Tempel so intensiv, dass alle Priester schleunigst hinaus mussten. Gott wollte dort «wohnen»: der König – mitten unter seinem Volk – in Jerusalem. König, Volk und Land hatten zusammengefunden.

Der Retter in Sicht

1000 Jahre später wurde Jesus geboren. Er las in der Synagoge in Nazareth aus dem Propheten Jesaja: «*Der Geist des Herrn ruht auf mir. Er hat mich gesandt, den Armen die frohe Botschaft zu verkünden, den Gefangenen schenke ich*

Befreiung, den Blinden das Augenlicht, die Zerschlagenen richte ich auf» (61,1). Das kannten die Leute. Sie verstanden: So redet der versprochene Retter, der König, der Messias. In Jesus war er gekommen. Jesus begann, sein Volk zu sammeln.

Die einen wollten Jesus zum König machen. Andere waren skeptisch bis hin zum Aufruhr. Die Römer nagelten Jesus kurzerhand ans Kreuz. Und schrieben über sein Kreuz, ohne zu erfassen, was sie da wirklich schrieben: «Jesus von Nazareth, König der Juden».

Die erste Gemeinde nach Ostern bestand nur aus Juden. Sie fragten: «Was machen wir mit Menschen, die aus den Nationen zum König Jesus dazukommen?» Es war völlig klar, dass Leute aus den Nationen *eingepfropft*, also in das jüdische Volk integriert werden sollten. Die Nationen kommen zum Volk Israel, über das Jesus König ist.

Gottes merkwürdige Wege

Dann geschah das Paradoxe: Weil die Mehrheit der Juden den König und Retter Jesus ablehnte, kam das Evangelium zu den Nationen. Der Schleier über den jüdischen Augen führte dazu, dass unter den Nationen viele Augen für Jesus aufgingen. Das sind die unergründlichen, merkwürdigen Wege Gottes.

Und weil die Juden ihren König ablehnten, verloren sie auch das Land – so geschehen 70 nach Christus. Jerusalem wurde zerstört, das Volk in alle Himmelsrichtungen vertrieben, 2000 Jahre lang. Tragischerweise haben die Christen aus den Nationen die Juden verfolgt, anstatt ihnen vorzuleben, wie sinnvoll es ist, unter dem König Jesus zu leben.

Hitler wollte die Endlösung für die Judenfrage. Aber Gott hat in seiner Treue durch den Holocaust hindurch einen Teil seines Volkes gerettet. Er hat es gefügt, dass Juden sogar wieder in ihr Land zurückkommen konnten. Hier erfüllt sich Hesekiel 37: Trotz der Nazi-Verbrennungsöfen aufersteht das Volk Israel. Eine Sprache erwacht neu zum Leben. Sumpfgebiete im Norden, Wüsten im Süden beginnen zu blühen. Gott hat seinem Volk das Land zurückgegeben. Von allen Enden kehren sie heim in ihr Land.

Volk und Land – ohne König

Nun sind Volk und Land wieder vereinigt. Darum die Frage: Wann kommt der König dazu? Wann ist das Volk bereit für den König? Und nun verstehen wir vielleicht auch, warum es in und um Israel so viel Zoff und Krieg gibt. Die Gegenkräfte setzen alles daran, um zu verhindern, dass das Terrain für den König vorbereitet wird. Neben allen Bombenanschlägen und fragwürdigen Vergeltungsmassnahmen findet auch ein geistlicher Kampf statt. Aber Gott, der Geschichte schreibt, wird zu seinem Ziel kommen. Dafür sind wir Zeugen.

Wir erinnern uns an die beiden Engel, die zu den verdutzten Jüngern am Auffahrtstag sagten: «Wie euer König unsichtbar wurde, so wird euer König wiederkommen, hier auf den Ölberg.» Der Prophet Sacharja bestätigt: «*Er wird seine Füsse auf den Ölberg stellen*» (14,4). Das Reich Gottes ist konkret, es erträgt keine fade Vergeistigung. Die Königsherrschaft Gottes verdampft nicht in himmlische Spekulationen.

Der König wird kommen – wann und wie wissen wir nicht. Aber das Volk soll vorbereitet sein. Wir sind zusammen mit den messianischen Juden der Tempel aus lebendigen Steinen, die den König aktiv erwarten. Ein Volk! Gott kommt zu seinem Ziel. Der König wird regieren. In der Stadt des grossen Königs. Ein König – ein Volk – ein Land. Gott ist treu. Ihm sei alle Ehre!

Wie kommen wir ins Reich Gottes hinein?

Das Gespräch zwischen Nikodemus und Jesus hilft uns zu verstehen, wie wir ins Reich Gottes hineinkommen (siehe Johannes 3). Er war ein alter, weiser Mann, der in einer Nacht zu Jesus kam und sagte: «Wir wissen doch, dass du von Gott gesandt bist.» Jesus erwiderte: «Wenn jemand nicht von oben her geboren ist, kann er das Reich Gottes nicht sehen.» Darauf fragte Nikodemus ihn: «Wie kann ich alter Mann ein zweites Mal geboren werden?» Jesus antwortete: «Die Geburt ins Reich Gottes geschieht durch

Wasser und Geist.» Da ist nun der Verstand des weisen Nikodemus am Ende. Aber das ist typisch «Reich Gottes».

Wasser und Geist

Ins Reich Gottes kommen wir nicht hinein wie bei einer Fahrprüfung. Da kannst du nicht einfach ein paar Dinge studieren und kapieren und dann fährst du mit Vollgas ins Reich Gottes hinein. «Wasser», sagt Jesus und spielt auf die Taufe an. Bei der Taufe im Jordan ging der ganze Körper – auch der Kopf mit seinem Verstand – unter Wasser. Die Täuflinge sind dazu bereit, etwas Neues, Übernatürliches an sich geschehen zu lassen. Sie wollen in die Dimension Gottes hinein. Das können sie aber nicht selber tun. Darum prüft der Täufer ihre Motive. Dann tauft er sie. Die Täuflinge zeigen in der Wassertaufe ihre Sehnsucht und Bereitschaft, in das Reich Gottes hineinzukommen.

Jesus sagt weiter: «… und Geist». Jesus, der König, ist der Einzige, der im Geist tauft. So steht es in allen vier Evangelien geschrieben. Der König selber tauft alle, die ihn bitten, im Geist. Was dann mit uns geschieht, lesen wir in der Apostelgeschichte. Dort wird berichtet, dass Gott einen hellen Schein in die Herzen von Frauen und Männern gab. Dann erkannten sie den König, hörten seine Stimme, wurden Zeugen, neue Charaktere, taten übernatürliche Wunder, redeten in neuen Sprachen – und waren leidensbereit.

Wir wissen nicht, wie das Gespräch mit Nikodemus endete. Aber wir wissen jetzt, wie wir ins Reich Gottes hineinkommen: durch Wasser und Geist.

Wie vor Jericho

Die Geschichte von Jericho zeigt uns, wie wir als Volk Gottes in seinem Reich vorankommen. Als Israel ins verheissene Land kam, setzte Gott ein ausserordentliches Zeichen. Die Einnahme von Jericho ging auf atemberaubende Weise vonstatten dank der reibungslosen Zusammenarbeit zwischen Gott und seinem Volk. Gott gebot, was das Volk tun sollte: Sieben Priester mussten auf sieben Schofar-Hörnern blasend vor der Bundeslade hergehen. Die Kriegsleute marschierten voraus, das Volk folgte der Lade. Sechs Tage je einmal, am siebten Tag siebenmal. Als das Kriegsvolk und das übrige Volk auf Josuas Befehl hin das Kriegsgeschrei erhob, fielen die Mauern von Jericho.

Die Mauern fielen nicht, weil das Volk laut schrie. Auch nicht, weil der ganze Zug siebenmal um die Stadt marschiert war, sondern weil Gott gesagt hatte: «Die Mauern sollen fallen!» Die Israeliten hatten die Anweisungen Gottes genau befolgt. Das war entscheidend. Die Zusammenarbeit mit Gott in völligem Gehorsam führte dazu, dass er ihnen das Land gab. Es war kein Sieg einer Armee. «*Nicht durch Heer oder Kraft eines Menschen, sondern durch meinen Geist soll es geschehen*», heisst es in Sacharja 4,6. Die

Geschichte von Jericho ist ein Schlüsselbericht, wenn wir als Gemeinde vorankommen und Probleme lösen wollen.

Friede und Gerechtigkeit

«Das Reich Gottes besteht nicht in Essen und Trinken, sondern in Gerechtigkeit und Frieden und Freude im Heiligen Geist» (Römer 14,17). In diesem Bibelvers finden wir wieder die drei Worte: Frieden – Gerechtigkeit – Geist. Hinter uns liegen gerade die Weihnachtstage mit viel Essen und Trinken. Eigentlich wäre die Adventszeit eine Zeit der Erwartung des Königs – dass wir unsere Sinne schärfen für seine Wiederkunft. Dagegen hat sich eine gewaltige Ablenkungsindustrie aufgebaut aus Kerzen und Braten und Geschenken, nötigen und unnötigen. Ein raffiniertes wirtschaftliches Machtgebilde, damit wir Menschen uns ja nicht auf den Kern konzentrieren.

Jesus sagt: «Suchet! Suchet das Reich Gottes!» Das ist seine Einladung, deiner tiefsten Sehnsucht Raum zu geben, den König kennenzulernen, seine Herkunft, seine Geschichte anzuerkennen, seine Befehle zu studieren. Als guter Schweizer muss ich da noch etwas bereinigen. Wie viele andere Schweizer habe ich zu Recht einen enormen Demokratiestolz – und eine Königsphobie. Ich bin überzeugt, dass in der sichtbaren Welt die Demokratie die beste Regierungsform ist. Aber ehrlich: In der unsichtbaren Welt herrschen andere Gesetze. Da wird nicht gefragt, ob wir «ein bisschen» Demokratie möchte. Da wird um Seelen und um blanke Macht gestritten. Wenn wirklich Frieden werden soll in der sichtbaren und unsichtbaren Welt, dann – so bin ich überzeugt – nur durch den König Jesus. Er hat niemanden mit Stiefeln zertrampelt. Ihm war sein eigenes Leben nicht zu schade. Er hat es verschenkt, um mit seinem Lösegeld alle Nationen zu gewinnen, die Juden zuerst. Er hat sich durch sein Blut mit uns verbündet. Er teilt den Durchblick und die Kraft seines Geistes aus. Diesen König suche ich. Diesem König will ich dienen. «*Christos kyrios*» – Christus ist König, war das Bekenntnis der ersten Christen.

Zuerst das Reich des Königs

Wenn Jesus uns auffordert: «*Suchet zuerst das Reich Gottes*» (Matthäus 6,33), dann heisst das: prioritär. Wir wissen alle, wie man ein Konfitüre-Brot streicht. Man nimmt das Brot in die Hand, streicht Butter drauf und zuoberst die Konfi. Genauso meint es Jesus: Zuerst das Brot, das Brot des Lebens, das Abendmahlsbrot – das ist die Grundlage. Zuerst das Vertrauen zum Vater im Himmel. Und dann kommt unser Leben obendrauf. An manchen Tagen dürfen wir viel Butter draufschmieren und dick süsse Konfi. Und dann gibt es karge Tage. Aber die Grundlage ist und bleibt immer das Lebensbrot, unser Glaube, der Blick auf den König. Brot des Königs bleibt Brot des Königs. Ob du krank oder gesund bist – Brot des Königs. Ob du verliebt oder geschieden oder gar Witwe bist – Brot des Königs. Viele Europäer wollen zuerst ihr Leben in den Griff kriegen und dann noch als Sahnehäubchen ein bisschen Glaube drauf. Aber niemand würde sich die Konfi auf die Hand streichen und das Brot obendrauf legen und sich dann in die Hand beissen. «Ich bi doch nöd blöd!»

Darum sagt der König: «Suchet zuerst das Reich Gottes – dieses Lebensbrot –, und alles andere wird euch hinzugefügt werden!»

Reich Gottes ist wie ein Fest

Jesus sagte: «Ein Mann bereitete ein grosses Festessen vor, zu dem er viele Gäste einlud. Als es dann soweit war, schickte er seinen Diener und liess den Gästen sagen: ‹Kommt, alles ist bereit!› Doch jetzt brachte einer nach dem anderen eine Entschuldigung vor. Der erste sagte: ‹Ich habe einen Acker gekauft und muss unbedingt hingehen und ihn besichtigen. Bitte entschuldige mich.› Ein anderer sagte: ‹Ich habe fünf Ochsengespanne gekauft und gehe sie mir jetzt genauer ansehen. Bitte entschuldige mich.› Und ein dritter sagte: ‹Ich habe gerade erst geheiratet; darum kann ich nicht kommen.› Der Diener kam zu seinem Herrn zurück und berichtete ihm das alles. Da wurde der Herr zornig und befahl ihm: ‹Geh schnell auf die Straßen und Gassen der Stadt und hol die Armen, die Behinderten, die Blinden und die Gelähmten herein!› Bald darauf meldete der Diener: ‹Herr, was du befohlen hast, ist ausgeführt. Aber es ist noch mehr Platz vorhanden.› Da

befahl ihm der Herr: ‹Geh auf die Feldwege und an die Zäune und dränge alle, die du dort findest, zu kommen, damit mein Haus voll wird!›»
                                                         Lukas 14,16–23

Das Urbild des Reiches Gottes

Urbild des Reiches Gottes ist das Fest. Aber unser Gott ist kein feuchtfröhlicher Festonkel. Er weiss sehr genau, wonach du dich sehnst: nach Frieden und nach Gerechtigkeit. Denn ohne Frieden und ohne Gerechtigkeit ist jeder Festboden mega-schlüpfrig. Ausserdem sehnst du dich nach echter heiliger Freude! «*Das Reich Gottes besteht nicht einfach in Essen und Trinken, sondern in Gerechtigkeit und Frieden und Freude im Heiligen Geist*» (Römer 14,17).

Das Ziel Gottes ist die Freude, das grosse Fest mit uns Menschen. Schon das Alte Testament ist nicht blutlos und fromm-langweilig. Die Propheten sprechen, wenn sie das Fest Gottes ankünden, von fetten Speisen und alten Weinen. Jesus gebraucht immer wieder das Bild vom Fest in seinen Gleichnissen.

Gott will festliche Gemeinschaft. Ich denke an einen langjährigen Freund. Als er im Glauben an Jesus noch ganz jung war, las er Offenbarung 3,20. Dort sagt Jesus: «*Ich stehe vor der Tür und klopfe an. Wenn jemand meine Stimme hört und die Tür öffnet, werde ich zu ihm hineingehen und das Mahl mit ihm halten.*» Mein Freund dachte: «Was da steht, nehme ich ganz wörtlich!» Er öffnete seine Haustür, bat Jesus herein, öffnete sodann eine gute Flasche Wein, setzte sich an seinen Tisch und begann trinkend Gemeinschaft mit Jesus zu haben. Der junge Mann hatte Durst nach Jesus. Heute ist er ein geachteter Unternehmer in Basel. Ich ermutige dich mit dieser Geschichte nicht zum Trinken. Bitte beim Korkenziehen stets kräftig um die Unterscheidung der Geister! Willst du Gemeinschaft mit dem Glas oder mit Jesus?

Ich denke an einen anderen Freund. Als in der Nacht vom 1. November 1986 die stinkige Wolke von Schweizerhalle gegen unsere Stadt Basel loszog und die Polizei durch die Strassen fuhr, die Bevölkerung per Megafon aus dem Schlaf riss und aufforderte, alle Fenster und Türen zu schliessen und das Radio einzustellen, da sassen wir in unseren Häusern fest, ohne zu wissen, ob wir überleben werden. Keiner wusste, was die Wolke bringt. Nun, dieser Freund schnitt einige Scheiben Brot ab und feierte in jener Nacht mit seiner Familie das Abendmahl. Sie teilten das Brot, ohne zu wissen, wie es weitergeht. Sie teilten das Brot im Angesicht des möglichen Todes. Sie teilten das Brot im Wissen, dass das Ende nicht der Tod ist, sondern das Fest bei Gott. Sie trotzten dem ungewissen Schicksal mit dem Ausblick auf das Reich Gottes. «*Du deckst mir den Tisch im Angesicht meiner Feinde*» (Psalm 23,5).

Von Anfang an ein Fest

Beginnen wir ganz vorne: Das Paradies war schon ein Fest. Jeden Abend konnte Adam mit seinem Papa-Gott spazieren gehen, Seite an Seite, ihm alles erzählen, ihn alles fragen (siehe 1. Mose 3,8). Der ewige Gott hat ja Zeit genug.

Wir waren als Familie an einer grossen Konferenz am Thunersee. Unsere älteste Tochter war ca. fünf Jahre alt und nach dem Nachtessen sollte sie natürlich ins Bett. Aber die kleine Wichtin beschloss, zu einem der Referenten zu laufen und zu fragen: «Kommst du mit mir spazieren?» Der Referent war ein blitzgescheiter Psychiater. Wenn man in seine tiefsinnigen Augen schaute, dann fiel man gleich durch sie hindurch ins kollektive Unbewusste – eine Ehrfurcht gebietende Autorität mit grossem, buschigem Schnauz. Und er antwortete dem kleinen Kind: «Ja, klar doch!» Und so gingen die zwei ohne Wissen von uns Eltern «in der Abendkühle» spazieren – in gegenseitiger Faszination! So ist Reich Gottes: der ganz Grosse mit uns ganz Kleinen, noch nicht zu Bett gehen müssen, im Dunkel spazieren an einer grossen Hand, alles fragen dürfen und selber losquatschen, beachtet und ernst genommen werden. Die verängstigten Eltern fragten später, woher denn unsere Tochter komme? «He dänggvom Spaziergang mit em Doggter», war die Antwort.

Störung

Reich Gottes wäre so schön, wenn da nicht die «doofe» Störung der Sünde wäre, diese misstrauische Rebellion gegen den guten Gott. In dieser Rebellion erklären wir Gott, wie ein Fest aus unserer Sicht aussehen müsste. Wir erklären Gott, wie die Welt nach unserer Meinung funktionieren müsste. Wir benehmen uns wie die Teilnehmer des Weltwirtschaftsforums, die so viel wissen und so wenig verändern können. Wir Christen sind nicht besser: Die Kirchengeschichte ist ein riesiges rebellisches Drama mit dem Resultat, dass viele clevere Leute heute sagen: «Gott, ja – aber Kirche, nein danke.»

Und wegen unserer Sünde muss Gott Umwege machen. Das Paradies ist verloren und wir kämpfen – in Streitereien, Krankheiten und Anfechtungen. Aber in allem hält Gott fest am Fest!

Gott lud das Sklavenvolk Israel ein, aus Ägypten auszuziehen und am Sinai ein Fest zu feiern – was denn sonst! Die Gebote Gottes sind Leitplanken, damit das Fest nicht «Bach ab geht». In 2. Mose 24 feierten die Ältesten auf dem Sinai ein Fest mit Gott. Dann liess Gott mitten im Lager der Israeliten sein Zelt der Begegnung aufschlagen – weil er doch mit uns Menschen zusammen sein will. Dreimal im Jahr wurden alle Israeliten nach Jerusalem beordert – zu Festen: Passahfest, Pfingstfest, Laubhüttenfest. Wenn Festzeit war in Israel, hat niemand ausgeschlafen. Da wollten alle dabei sein. Feste sind ein Vorgeschmack auf das grosse kommende Fest. Daraufhin wird schon mal geübt. Weit von Jerusalem entfernt hat man buchstäblich schon den Braten gerochen. Für alle gab es genug.

Jesus liebt Feste

In der Mitte der Zeit trat Jesus auf. Wo tat er sein erstes Wunder? An einem Fest, als der Wein ausging. Wie oft hat sich Jesus einladen lassen, auch zu sehr zweifelhaften Charakteren, weil er an den unmöglichsten und unfrommsten Orten das Fest mit Gott lancierte: «*Heute ist diesem Haus Heil widerfahren*» (Lukas 19,9).

Wo wurde Jesus aufgelauert? Am Passahfest in Jerusalem. Da konnte man nämlich drauf zählen, dass er da war. Wo hat Jesus das Abendmahl eingesetzt, dieses Vorzeichen des grossen Festes Gottes mit uns Menschen? An der Passahfeier natürlich, wo das Lamm gegessen wird. Jesus wusste doch, dass Johannes in seiner Offenbarung schreiben wird: Die Siegel kann nur das Lamm öffnen. Das Lied des Lammes wird gesungen werden. Alle Ehre dem Lamm! Alles zielt auf das Fest. Gott ist der Gastgeber und lädt ein.

Alles ist bereit

Wer ist wohl gemeint, wenn im Gleichnis steht: «*Er sandte seinen Boten, den Eingeladenen zu sagen: ‹Kommt, es ist al-*

les bereit!»* (Vers 17)? Jesus selber, der das Gleichnis erzählt hat, ist der Bote, vom Vater gesandt. Jesus selber hat alles bereitgemacht. Er hat das Erzhindernis, das den heiligen Gott vom rebellischen Menschen trennt, aus dem Weg geräumt. Er hat alles bereitgemacht am Kreuz, alles bezahlt mit seinem Blut. Über meiner und deiner Schuld hat er ausgesprochen: «Vater, vergib ihm, vergib ihr, sie wissen nicht, was sie tun.» Er hat alles bereitgemacht, indem er den Kampf aufgenommen hat gegen unseren Erzfeind, den Tod, und hat ihn besiegt am Kreuz. *«Tod, wo ist dein Sieg, Tod, wo ist dein Stachel?»* (1. Korinther 15,55). Der Bote spricht an Ostern: «Weicht, ihr Trauergeister, denn dein Freudenmeister, Jesus, tritt herein.» Alles ist bereitgemacht vom Erlöser Jesus!

Und wer ist wohl gemeint, wenn Jesus von den seit Langem Eingeladenen spricht? Wenn gewissermassen definitiv angerichtet ist, dann kommt der Bote nach orientalischer Sitte noch einmal extra vorbei und wiederholt die Einladung. Etwa im Jahr 30 nach Christus erzählt Jesus dieses Gleichnis. Er ist als Bote selber unterwegs in Israel und lädt sein eigenes Volk ein. Doch die Eingeladenen verweigern die Einladung. Was für ein Drama! Mit den Erstgeladenen sind die religiösen Führer Israels gemeint.

Arme, Krüppel und Blinde

Dann werden die Armen, die Krüppel und die Blinden eingeladen. In den Augen der Juden waren alle anderen Nationen Arme, weil sie mit dem Gott Israels nicht im Bund waren. In den Augen Israels waren alle anderen Nationen Krüppel, weil sie sich in der Beziehung zum Gott Israels nicht zu Persönlichkeiten, zu Partnerinnen und Partnern Gottes entwickeln durften. In den Augen Israels waren die aus den Nationen Blinde, weil sie nicht gelehrt wurden, den allmächtigen Gott zu ehren.

Ja, wir aus den Nationen sind die Armen, die Krüppel und die Blinden, die jetzt eingeladen sind. Und wehe uns, wenn wir jetzt einwenden, dass wir nicht blind seien. Wehe uns, wenn wir jetzt anmahnen: «Ich bin nicht arm, ich habe im Fall einen Acker auf dieser Erde!» Wie blöd, wenn wir reichen Europäer vor lauter Wohlergehen die Einladung ins Reich Gottes abschlagen. Wehe uns!

Eingeladen!

«Von den Hecken und Zäunen» werden sie eingeladen – das zeigt uns das Herz Gottes. Er will Gemeinschaft, er will Gastgeber sein; er will, dass sein Haus voll wird. Die von den Hecken und Zäunen sind die Fremden, ob fremdgegangen in anderen Ritualen oder Esoterik oder verirrt im unendlichen Selbstbedienungsladen unserer Zeit sei dahin-

gestellt. Sie sind jetzt eingeladen von Jesus, eingeladen zum Fest, eingeladen zum Vater. Und sie kommen und rennen, aus den afrikanischen und asiatischen und südamerikanischen Nationen, sie rennen zum Erlöser. Wir reichen Europäer zögern noch, wägen noch ab, trauern unserem vergänglichen Wohlstand noch nach.

Hast du die Einladung von Jesus gehört? Hast du sie angenommen? Hast du ausdrücklich Ja gesagt zu Jesus? Hast du dankbar angenommen, dass er alles bereitgemacht hat? Er hat die Schuld bezahlt und den Zugang zum Fest im Reich Gottes geöffnet. Ich hoffe, dass jede und jeder weiss, was auf dem Spiel steht. Wer Jesus hat, der hat das ewige Leben; wer die Einladung ablehnt, hat das Leben nicht. So einfach ist das. Wirst du dabei sein, wenn Gottes Haus voll wird?

Ich lege dir ein Gebet vor, mithilfe dessen du deine Zusage an Jesus heute festmachen kannst:

> Gott, ich wage es, dich zu loben,
> als ein winziger Teil deiner Schöpfung,
> mit meinen Grenzen,
> mit meiner Schuld.
> Du selbst willst es so,
> dass wir dich loben aus fröhlichem Herzen.
> Denn du hast uns auf dich hin geschaffen
> und unser Herz ist unruhig,
> bis es Ruhe findet in dir.
> Ich sage heute Ja zu dir, Jesus. Amen.

Der Becher des Bräutigams

In der jüdischen Tradition wurden Hochzeiten über lange Zeit von den Eltern arrangiert. Aber achten wir auf das «Zünglein an der Waage» und den elterlichen Respekt vor ihren Söhnen und Töchtern: Ein künftiger Bräutigam erstand für seine Braut einen Becher, brachte diesen zur Verlobungsfeier mit, füllte ihn mit einem guten Getränk und trank während der Verlobungszeremonie als Erster daraus. Danach reichte er den Becher seiner Verlobten. Die Verlobte hatte die Autorität, den Becher anzunehmen und auch daraus zu trinken oder den Becher zu verweigern. Die Braut durfte Ja oder Nein sagen!

Wenn sie den Becher annahm und trank, dann galt die Verlobung. Der Becher gehörte ihr als Geschenk und als Zeichen der Treue. Der Bräutigam sagte darauf: «Ich gehe jetzt und mache eine Wohnung für uns bereit. Dann komme ich wieder und werde dich zu mir holen.»

Erinnern wir uns, wie Jesus das Abendmahl eingesetzt hat: «*Sooft ihr aus diesem Becher trinkt, erinnert euch an mich!*» (1. Korinther 11,25). Und in Johannes 14,2 sagte er: «*Ich gehe, um euch Wohnungen bereitzumachen.*» Offensichtlich übernahm Jesus die Formeln der jüdischen Verlobung – weil er der Bräutigam ist.

Wenn wir Abendmahl feiern, dann sind wir die Braut, die den Becher hervorholt und sich erinnert an die Treue des Bräutigams. Wenn ich zum Abendmahlstisch komme, dann bringe ich zum Ausdruck: «Ja, Jesus, ich weiss, wie viel Geschirr ich immer wieder zerschlage zu deiner Unehre, aber was für ein Wunder, dass du mir treu bist!» Jesus, strahlend schön wie ein Bräutigam, schaut mir in die Augen – mit ganzer Wahrheit und vollkommener, vergebender Liebe – und erwidert: «Schön, dass du da bist! Ich freue mich über dich! Du hast dich einladen lassen. Ich habe dir meinen Kelch geschenkt, wie der Bräutigam seiner Braut. Du trinkst immer wieder daraus, in allen deinen Nöten, ungelösten Problemen, wenn du nicht weiterweisst – aber der Kelch versichert dir, dass ich dir treu bin. Sei willkommen an meinem Tisch!»

Sein Tisch mitten in unserer Not

Was ist mit all unseren Anfechtungen, unseren Leiden, unseren Warum-Fragen, dem bedrohenden Tod? *«Wir überwinden weit durch den, der uns liebt»*, heisst es in Römer 8,37. Jesus hat den Abendmahlstisch mitten in unsere garstige Welt und mitten in unsere Unfertigkeiten hineingestellt. Jesus macht nicht ein bisschen Party, er beruhigt nicht ein wenig unser schlechtes Gewissen. Jesus tut mehr. Jesus ist der Bräutigam und wir sind zusammen seine Braut aus allen Nationen, unter denen die aus Israel Erste sind.

Die Story ist noch nicht fertig. Jesus wird uns das ganz grosse Fest bereiten, wenn er wiederkommt. Jesus schenkt uns sein Reich, versprochen! Dann ohne Schmerzen, ohne Krankheit, ohne Geschrei und ohne Tod. Unser Gott wusste von Anfang an, dass es nicht gut ist, wenn der Mensch allein ist. Darum schenkt er uns seine Gemeinschaft. Darum stillt er unsere tiefe Sehnsucht, ob du nun Single oder verheiratet oder geschieden oder verwitwet bist. Wir sind zusammen mit Menschen aus allen Nationen die Braut des Bräutigams Jesus: Geliebte, Erträumte, Erwartete.

Ich zitiere die letzten Verse aus der Offenbarung des Johannes (22,17.20f.):

Der Geist und die Braut sprechen: Komm! Und wer es hört, der spreche: Komm! Und wer Durst hat, der komme; wer will, der nehme das Wasser des Lebens umsonst.

Ja, ich komme bald. – Amen, komm, Herr Jesus! Die Gnade des Herrn Jesus sei mit euch allen!

Reich Gottes tickt anders

In jener Zeit kamen die Jünger zu Jesus und fragten: «Wer ist eigentlich der Grösste im Himmelreich?» Jesus rief ein Kind, stellte es in ihre Mitte und sagte: «Ich versichere euch: Wenn ihr nicht umkehrt und wie die Kinder werdet, könnt ihr nicht ins Himmelreich kommen. Darum: Wer sich selbst erniedrigt und wie dieses Kind wird, der ist der Grösste im Himmelreich. Und wer solch ein Kind um meinetwillen aufnimmt, der nimmt mich auf.»
Matthäus 18,1–5

Letzte Woche haben Kinder eine riesige Kreidezeichnung gemalt. Die Zeichnung sollte so gross werden, dass die Kinder sie auf die Strasse malen mussten. Die Autofahrenden sollten eben aufpassen! Die Kinder haben das Hüpfspiel «Himmel und Hölle» gemalt. In einzelne Felder haben sie gleich noch sich selber hinein gemalt.

Diese Kreidezeichnung ist ein Symbol: Strasse ist öffentliches Terrain, so wie das Reich Gottes in den Strassen unserer Stadt öffentlich gelebt werden soll. Wie die Kinder thematisiere ich Himmel und Hölle. Und ich würde mich nicht wundern, wenn einige Erwachsene sich heute zum Hüpfen einer besonderen Art entschliessen.

Jesus berührt Kinder. Er lädt sie ganz nahe zu sich ein. «Euch Kindern», sagt Jesus, «gehört das Reich Gottes am direktesten.» Und die Kinder hüpfen Jesus auf die Knie, geniessen es, bei ihm zu sein. In der Zuwendung und Wertschätzung gegenüber den Kindern erkennen wir etwas Wesentliches vom Wesen Gottes.

Zu uns Erwachsenen sagt Jesus: «*Wenn ihr nicht umkehrt und werdet wie die Kinder, so werdet ihr niemals ins Gottesreich kommen!*» (Vers 3). So formuliert Jesus unseren Bezug zu Himmel und Hölle. So also tickt das Reich Gottes. Uns interessiert nicht das Niedliche am Kind, sondern der anfangende Mensch in seiner Offenheit.

Meine Eltern, meine Gotte und mein Götti, meine Lehrer etc. haben mich getrimmt, erwachsen zu werden. Das war ja so in mir angelegt, zu wachsen. Stolz verkündete ich jeweils, dass meine Schuhe schon wieder zu klein seien. Gewiss erinnerst du dich an deine eigenen Sehnsüchte, grösser zu werden und respektiert zu werden. Eines unserer Kinder spielte so eifrig, dass es einfach zu schade war, das Spiel zu unterbrechen nur wegen eines ... Dafür gibt es ja Windeln. Also versuchten wir Eltern, Motivation zu schaffen, und versprachen ihm ein Playmobil-Flugzeug. Die Reaktion war erstaunlich. Über lange Zeit verkündete das Kind überall stolz: «Wenn eines Tages meine Windeln trocken bleiben, dann klappt das mit däm Flugi!» Es war überhaupt nicht die Sorge des Kindes, trocken zu werden.

Das würde sich schon ergeben. Aus seiner Sicht hatte es das Flugi bereits ganz sicher. Versprochen ist versprochen! So sind Kinder.

Man sagt uns: «Werde kräftig und werde erwachsen!» Und so machen wir uns auf die unendliche Reise, noch schlauer, noch überlegener, noch schneller, noch erwachsener, noch auf- und noch abgeklärter zu werden – noch, noch, noch … Irgendwann merkte ich: Ist auch nicht das Gelbe vom Ei! Weil das eine unendliche Geschichte ist. Und nun sagt Jesus: «Werde wie ein Kind!» Wird da eine verkehrte Welt angeboten – oder Erlösung? Ich lade dich ein, weiterzudenken.

Beobachtungen zu uns Erwachsenen

Die Jünger, alles Erwachsene, fragen: «Wer ist der Grösste?» Als Erwachsener definiere ich mich über meinen Einfluss, meine Beziehungen. Mein Wissen, das ich bei Diskussionen einbringen kann, gibt mir eine Position und gibt mir Macht. Dabei möchte ich zu bedenken geben: Ein Rucksack mit guter Bildung ist nicht zu verachten. Andere vertrauen ihrem Geschick, ihrem Bauchgefühl, ihrem Charme oder ihren Muskeln. Vielleicht sind es in die Wiege gelegte Gaben oder wohltrainierte Errungenschaften.

Weil die Jünger fromm sind, fragen sie nicht nur: «Wer ist der Grösste?», sondern gleich: «Wer ist der Grösste im Reich Gottes?» Und sofort landen wir wieder beim Komparativ. Jetzt beim frommen Komparativ: der bessere Hauskreis, die bessere Hauskreisleiterin, der bessere Anbetungsleiter, die bessere Seelsorgerin ... Merken wir, wie da der Tod im Topf steckt? So funktioniert das Reich Gottes gewiss nicht. Meine Gemeinde als beste Gemeinde – solches Konkurrenzdenken tötet das Reich Gottes in unserer Stadt. Der tödliche Komparativ.

Dabei ist dieses Vergleichen und Überbieten gar nicht so leicht aus unseren Köpfen auszutilgen. Wir sind längst tief geprägt, dass mein «Mehr» das «Weniger» meiner Konkurrenz ist. Wir leben in einem Wirtschaftssystem, das «auf Teufel komm raus» auf mehr aus ist. Maximierung heisst das Zauberwort im Grossen. Und das färbt ab auf unsere kleinen Seelen: mehr im Portemonnaie, Delikateres auf dem Teller, grösseres Auto, mehr Schmuck, weiter verreisen in die Ferien, sich mehr leisten können – weil ich es mir wert bin. Das färbt auch auf fromme Seelen ab. Und obendrauf brauchen wir bessere Predigten, besseren Worship, präzisere Prophetien ...

Wir merken es. Aber können wir es ändern? Wir verlieren uns im «Mehr». Darum sagt Jesus, dass ohne Umkehr kein Mensch ins Reich Gottes kommt. «Immer mehr» ist der Weg in den Abgrund, ist Erde ohne Himmel, hat etwas Seelen-Mordendes. Kain hat seinen Bruder Abel erschlagen, weil er sich mit ihm verglich. Danach lebte er wie ein Gejagter. Kains Leben wurde zur blanken Selbstbehauptung mit Angst im Nacken. Ähnlich verfallen wir Erwachsenen den flüchtigen Lebenszwecken. Die Technik soll es richten. Wir definieren uns in der Überbietung des anderen. Das Resultat ist Angst, dass die Konkurrenz eines Tages genialer ist. Die Jungen werden die Alten überflügeln.

Die Jünger in unserem Bibeltext stehen für die Unerlösten, völlig beschäftigt mit Vergleichen: Mein «Mehr» ist sein «Weniger». Der Blick ist auf das Ego gerichtet, im Seitenblick der Mann bzw. die Frau neben mir. Bei alledem will ich nicht unser eigenes Nest beschmutzen. Es geht ums Kapieren, wie wir funktionieren.

Es braucht eine Umkehr, einen Abbruch dieser Entwicklung. Es braucht eine Erlösung vom Mythos «Das schaff ich schon selber». Heinrich Spaemann hat ein Buch mit dem Titel «Orientierung am Kinde» geschrieben (Johannes Verlag, Einsiedeln, 1988). Um diese Orientierung, um das Lernen vom Kind geht es.

Das Kind schaut nach oben

Das Kindlichste am Kind ist seine Blickrichtung. Alles lässt es sich geben. Es verschüttet den Becher nicht, um Eigenes hinein zu tun. Kinder strahlen über das Geschenk. Der Aufblick war die Blickrichtung Jesu. Die Augen gegen den Himmel erhoben sagt er Dank über fünf Broten und zwei Fischen. Erwachsene fragen: «Wo ist die Mayonnaise?» Bei Jesus reicht es für 5000 Hungrige. Er bricht Brot mit Aufblick zum Vater: «Gepriesen bist du, Vater und Gott, dass du uns das Brot schenkst!» Jesus betont: «Ich spreche *des Vaters* Worte, ich tue *seine* Werke, ich suche *seine* Ehre.» Dem Pilatus entgegnet Jesus: «*Du hättest keine Macht über mich, wenn sie dir nicht von oben gegeben wäre*» (Johannes 19,11). Jesus ist die reine Offenheit nach oben. Bist du so offen nach oben?

Ein Mann hockt am Eingang des Tempels und bettelt. Er ist wie ein Bild des gefallenen Adam. Er wäre mit ein bisschen Leben zufrieden gewesen. Petrus antwortet ihm: «Geld habe ich nicht.» Dieser Satz ist wie eine Prüfung, ob sich der Gelähmte auf der Stelle wieder abwendet. Dann sagt Petrus weiter: «Sieh uns an!» Da schaut der Gelähmte in ein Gesicht voller Liebe. Wie ein Blitz trifft ihn das Licht der Welt. Er schaut nach oben. Und daraufhin kann er gehen, hüpfen, loben (siehe Apostelgeschichte 3).

Das Kind handelt spontan und einfältig

Zachäus stieg wie ein Kind auf den Baum. Und Jesus hatte Augen für ihn, den einen, den ihm der Vater heute gab. Während die Menge murrte, ass Jesus fröhlich mit Zachäus. Dieser hörte auf zu rechnen, ein Wunder geschah in seinem Herzen. Zachäus war plötzlich ein Beschenkter, der schenken konnte (siehe Lukas 19).

Wie schnell verschieben wir das Schreiben eines versöhnenden Briefes, warten bis zum Abend oder länger? Wie spontan können wir Fehler zugeben, Schuld bekennen, die vergiftet? Wer sich in der Sphäre des Reiches Gottes bewegen will, muss die Segel setzen, wenn der Wind bläst, muss brennen, wenn Gottes Feuer anzündet.

Das Kind will nicht zuerst begreifen, bevor es gehorcht

Indem das Kind gehorcht, wächst es in das Verstehen der elterlichen Weisung hinein. Gehorsam gründet im Vertrauen, dass die Eltern es gut meinen. «Tun und hören» will das Volk Gottes (2. Mose 24,7). Jesus ermutigt: *«Wenn jemand meinen Willen tut, wird er erkennen, ob meine Lehre von Gott ist»* (Johannes 7,17). Als die Jünger baten: «Lehre uns beten», erteilte Jesus keine Lehre, sondern betete das «Unser Vater» mit ihnen. Das Kind lässt sich genügen an der Stimme der Mutter oder des Vaters. Das weisende Wort, die liebende Stimme gibt ihm Sicherheit. Mit dieser Stimme stimmt es überein. In ihr ist Leben. Kennst du so die Stimme unseres Vaters im Himmel?

Der Tag des Kindes beginnt mit dem Abend

Nach dem Gespräch am Bettrand, nach dem Ritual von Lied und Gebet findet das Kind Ruhe, findet Schlaf und Traum. So wird es auch ein guter Morgen für das Kind werden. *«Den Seinen gibt's der Herr im Schlaf»* (Psalm 127,2). Erwachsene, die das wieder entdecken, sind darum besorgt, dass ihr Abend etwas Sabbatliches hat. Sie werden ruhig in die Nacht hinein, die Saat aus Gott soll in sie hinein gesät werden. Leider sehen unsere Abende oftmals anders aus: Arbeit unter Lampen, TV bis zum Umkippen, ein Gläschen zum Wegdösen. Und somit wird die Nachtruhe entwertet – weil der neue Tag nicht am Abend begann. Es gefällt Gott, in unser vertrauendes Ruhen hinein zu säen. Mit dem Abendmahl am Vorabend begann die Kreuzigung Jesu, darin empfing sie ihren Sinn.

Die Kinder suchen neues Land

Jeder neue Tag ist für das Kind wie ein weiter blauer Himmel für einen beginnenden Vogelflug. Für Kinder gibt es kein fertiges Konzept. Kinder sind offen für Überraschungen. Auch Jesus legte sich nicht im Voraus fest. Der nächste Schritt, das Jetzt zählte. Der Vater führt. Jesus hatte kein Programm.

Wer den Geist des Kindes verloren hat, will das Leben in den Griff bekommen, ist verplant, manipuliert. Räderwerk muss funktionieren. Damit grenzen wir Gottes grenzenlose Möglichkeiten aus. Gott will an jedem Tag, dass unser Leben ein neues Lied werde. Wo Gott zum Pensum wird, geschieht die Dispens vom lebendigen Gott. Ausgerechnet der ausländische Samariter half – die Gläubigen hatten ihr Programm.

Das Kind fürchtet sich nicht vor dem Sterben, wohl aber davor, dass es allein gelassen wird

«Es ist nicht gut, dass der Mensch allein ist» (1. Mose 2,18) – so lautet die Definition von Hölle. Aber Gott und Mensch sind Gefährten. Wir werden einst danach gerichtet werden, ob wir den anderen allein liessen oder nicht. *«Ich war arm, fremd, krank, gefangen, hungrig, und ihr seid zu mir gekommen»* (Matthäus 25,35). Jesus dehnt seine Gefährtenschaft mit uns bis an den Verbrechergalgen aus. Jesus steht gerade dafür, dass wir nie und nirgends allein gelassen sind.

Wir brauchen eine Neugeburt

Der längst erwachsene Nikodemus kam bei Nacht zu Jesus. Er hatte gescheites Rüstzeug für eine hochstehende Diskussion bereitgelegt. Jesus begegnet dem Nikodemus mit einem Satz, der sofort den innersten Grund dieses Mannes berührt: *«Wer nicht von neuem geboren wird, kann nicht ins Reich Gottes kommen»* (Johannes 3,5). Der mit Fragen wie mit einem Panzer angerückt ist, wird sofort zum Gefragten. Nikodemus wird von Gott infrage gestellt – und so geht es auch uns. Das Reich Gottes tickt anders, als wir Erwachsenen es gern hätten. Reich Gottes ist Ereignis, ist Geschenk von oben, ist keine Leistung von unten, ist keine Klugheit von innen. Immer wieder berufen sich Leute auf den guten Kern im Menschen und lassen sich darüber aus, wie wir den kultivieren müssten. Vergiss das! Lauter sogenannte gute Kerne ergeben die allerhässlichste Weltgeschichte. Darum braucht unsere Welt die Erlösung durch Jesus Christus.

Gott hat eines seiner tiefsten Geheimnisse den Frauen anvertraut – sie gebären. Ob ich Mann oder Frau bin, ich verdanke mich nicht mir selbst. Das Leben wurde uns allen geschenkt. Wir wurden alle geboren. Sogar Jesus wurde geboren. Unsere Geburt ist das Muster, wie das Reich Gottes tickt und wie wir ins Reich Gottes hineinkommen.

Da kann ich als Erwachsener nur bitten: «Jesus, blase kräftig deinen Heiligen Geist in meine müden Knochen und Gedanken! Mache neu, dass mein Geist wieder jung und schön und einfältig wie bei einem Kind werde. Gebäre mich in dein Reich hinein. Und wenn ich mich morgen früh wieder so ‹erwachsen› benehme, blase neu, schiebe nach! Ich bin angewiesen auf dich.»

In der Stille trainieren

Wenn du das Wunder deiner zweiten Geburt erlebt hast, dann hast du die Aufgabe, das neu geschenkte Leben zu pflegen und zu trainieren. Darum war Jesus früh am Morgen am liebsten allein. Er suchte den ungestörten Blick zum Vater im Himmel. Auch ich suche an jedem Tag, wenn immer möglich, den Blickkontakt zum Vater – wie Jesus. Das geschieht nicht per Knopfdruck, sondern in der Stille. Diese «Stille Zeit» beginne ich mit einer Übung: Ich atme aus mit den Worten «Weg von mir» und atme ein mit den Worten «Hin zu dir». In dieser Übung will ich mir vergegenwärtigen, dass ich die dauernde Präsenz Jesu in mir brauche.

Eine andere wunderbare Möglichkeit des Trainings ist das Sprachengebet. Ich bringe meine Summe von Gedanken und Problemen vor Gott – aber ich bin dabei nicht verkopft, suche nicht verzweifelt nach menschlich-gescheiten Lösungen. Und schon gar nicht erkläre ich Gott, was er tunlichst tun müsste. Ich bete im Geist, vorbei an meinem Verstand. Ich mobilisiere unter der Führung des Heiligen Geistes mein Unbewusstes, bringe alles vor meinen Gott, konzentriere mich auf ihn. Und wie geschenkt kommen hie und da unerwartete Lösungsansätze in meinen Verstand – geistgeleitet.

Erwachsensein ist weder böse noch abwegig, noch können wir aus unserer Haut fahren. Ich plädiere nicht für kopflose Dummheiten. Wir sollen uns bilden, jederzeit dazulernen. «Man muss zuerst erwachsen sein, um ohne Gefahr völlig ein Kind sein zu können, man muss stark sein, um unendlich zart sein zu können, weise, um ein Tor sein zu dürfen», formulierte die Ordensgründerin Madeleine von Jesus.

Kampf der Geschlechter – oder ist uns Männern noch zu helfen?

Ordnet euch einander unter; tut es aus Ehrfurcht vor Christus! Ihr Frauen, ordnet euch euren Männern unter! Ihr zeigt damit, dass ihr euch dem Herrn unterordnet. Denn der Mann ist das Haupt der Frau, genauso wie Christus das Haupt der Gemeinde ist – er, der sie errettet und zu seinem Leib gemacht hat. Und wie die Gemeinde sich Christus unterordnet, so sollen sich auch die Frauen ihren Männern in allem unterordnen. Und ihr Männer, liebt eure Frauen! Liebt sie so, wie Christus die Gemeinde geliebt hat: Er hat sein Leben für sie hingegeben, …

Epheser 5,21–25

Reich Gottes – das sind Beziehungen, Freundschaften. Die meisten Beziehungskonflikte beobachten wir wohl zwischen Frau und Mann. Bei der Auslegung dieses Textes kann ich es niemals allen recht machen. Entweder vertrete ich eine konservative Auslegung, dann springen mir alle emanzipierten Frauen und Männer an die Gurgel. Oder ich argumentiere progressiv, dann schreiben mich die Konservativen als ungläubigen Irrlehrer ab.

Darum kehre ich den Spiess um: Du musst selber Verantwortung übernehmen, wie du als Frau bzw. als Mann vor Gott lebst. Jede Person hat ihre einmalige Familiengeschichte, ihre Vorbilder, ihre Kultur, ihre Prägung. Mit meinem einmaligen Sein gebe ich Rechenschaft gegenüber dem lebendigen Gott, wie ich als Mann lebe. Mit deinem einmaligen Sein gibst du Rechenschaft gegenüber dem lebendigen Schöpfer, wie du als Frau bzw. als Mann lebst.

Wir denken grundsätzlich darüber nach, wie sich Frauen gegenüber Männern und Männer gegenüber Frauen verhalten. Das betrifft uns alle.

Kulturelle Prägungen

Afrikanische Frauen bilden meist das Rückgrat von afrikanischen Gesellschaften. Ohne die Frauen läuft dort fast gar nichts Aufbauendes. Afrikanische Männer tendieren oftmals dazu, sich in unendlichen Stammesfehden zu verheddern, in Kriegen ohne Ende. Eine afrikanische Ehe hat eine andere Prägung als eine europäische. Ist sie deswegen besser oder schlechter? Ein Freund aus Europa hielt christliche Lehrvorträge in Asien zu Ehe-, Männer- und Frauenfragen. Er wurde konfrontiert mit Bollwerken von indischen Männer- und Frauenbildern. Wir Europäer haben unsere eigene Geschichte und Entwicklung. Die Industrialisierung und vieles andere haben uns geprägt. Meinen wir, dass wir der Massstab sind?

Auch Christinnen und Christen sind längst tief geprägt, bevor sie bewusst ihren Glauben zu gestalten beginnen. Die Weisheit biblischer Texte konfrontiert unsere jeweilige Kulturprägung. Können wir hören? Können wir unterscheiden zwischen dem, was bei uns längst eingefleischt und kulturbedingt ist, und dem, was der Geist Gottes in uns fördern will?

Eine Beobachtung ganz zu Anfang: Vor dem Sündenfall steht geschrieben: «*Gott schuf den Menschen nach seinem Bild, als Mann und Frau schuf er sie*» (1. Mose 1,27). Ich erkenne ein heiliges Dreieck: Gott als grosses Geheimnis – Frau und Mann auf absoluter Augenhöhe zueinander. Dazu passt Vers 21 aus unserem Bibeltext: «*Ordnet euch einander unter.*» Nach dem Sündenfall tönt es ganz anders. Gott sprach zu Eva: «*Du wirst dich nach deinem Mann sehnen, aber er wird dein Herr sein!*» (1. Mose 3,16).

Kampf der Geschlechter

Eva wurde durch die gesamte Geschichte und von unzähligen Theologen inklusive Paulus vorgeworfen, dass sie sich als Erste verführen liess. Aber liebe Männer, Hand aufs

Herz: Hätten wir widerstanden? Vielleicht sagst du: «Nur wegen eines leckeren Apfels wäre ich sicher nicht dreingelaufen!» Aber lieber Mann, das hätte die kluge Schlange auch gewusst und hätte bei dir genau an deinem schwachen Punkt zugeschlagen. Sie hätte uns Männer genauso abserviert.

Wenn nach dem Sündenfall geschrieben steht: «*Der Mann wird Herr über die Frau sein*», könnte es sein, dass dies *nicht* der ursprüngliche Wille Gottes ist? Könnte es sein, dass dies *nicht* der Herzschlag Gottes ist? Könnte es sein, dass wir hier den schmerzvollen Ausruf Gottes hören im Sinn von «So sind die Konsequenzen in der künftigen Geschichte». Könnte es sein, dass Gott hier den von ihm *nicht* geplanten Kampf der Geschlechter prophezeit?

In der Beschuldigung der Frau liegt der Anfang aller Ungerechtigkeit, liegt die Rechtfertigung für alle Unterdrückung. Dass Männer Frauen dominieren, gar schlagen dürfen, grassiert in Männerköpfen, steht aber nirgends in der Bibel. Männer haben eine Kettenreaktion von Minderwertigkeit bei Frauen losgetreten. Männer haben die patriarchale Gesellschaft erfunden und selbst-herr-lich begründet. Männergedanken, Männergebilde, Männerfestungen – sie werden im Reich Gottes geschleift werden!

Die Bibel beginnt damit, dass wir als Mann und Frau geschaffen wurden. Die genaue Mitte der Bibel ist das Hohelied der Liebe. Dieses Hohelied der Liebe erfüllt Jesus mit seinem Leben: Jesus dominiert nicht, er wäscht Füsse, er geht ans Kreuz. Am Ende der Bibel ist die Hochzeit des

Lammes. Gott kommt dort auf Augenhöhe mit uns Menschen. Er sehnt sich nach uns. Auch Ledige, Verwitwete und Geschiedene gehören zur festlichen Hochzeitstafel dazu.

Auf der anderen Seite stehen die Schreie der Frauen – weil getreten, unterdrückt, entwürdigt, beschimpft, beschmutzt, vergewaltigt, als ohne Seele bezeichnet, zur Ware degradiert. Und dann die Gegenreaktion der Frauen: «Euch Männern zeigen wir den Meister!» Jede patriarchale Gesellschaft hat eine Kehrseite. Da wird mit gleicher Münze zurückbezahlt, mit massgeschneiderter Frauenpower. Ist es nicht einsichtig und selbstverständlich, dass die Reaktionen kommen mussten – gegen jahrhundertelange Ungerechtigkeit, gegen männliche Machtentfaltung, gegen Lohnverweigerung für gleiche Arbeit etc.?

Gender-Lösung

Aber alles Aufbegehren stürzte die Männer nicht vom Sockel. Darum kamen schlaue Köpfe auf die Idee: Wir schaffen die Geschlechter ab, weil das nur ewige Benachteiligungen mit sich bringt. Definition durch das sexuelle Geschlecht ist out. Wir kreieren das soziale Geschlecht «Gender». Alle als männlich bzw. als weiblich geltenden Merkmale oder Eigenschaften gelten danach als kulturell konstruiert, sind daher veränderbar und durch die Entlarvung der Machtverhältnisse aufzulösen. Gender ist variables soziales Geschlecht.

Gemäss Gender-Mainstreaming sind wir neu durch unser soziales Geschlecht definiert – männlich und weiblich ist altbacken und nur anerzogen. Wir seien durch unsere Umgebung und Erziehung kodiert worden. Das sei illegitim, müsse aufgehoben, korrigiert werden. Also müssen wir umerzogen werden.

Als eigentlicher Startschuss für das globale Gender-Mainstreaming-Projekt gilt die UN-Weltfrauenkonferenz in Peking von 1995. Nur durch gewieftes Taktieren konnten westliche feministische Gruppierungen Gender-Mainstreaming gegen den Einspruch von Frauenrechtlerinnen aus Entwicklungs- und Schwellenländern und Vertreterinnen aus Staaten mit katholischer Prägung oder islamischer Mehrheit durchsetzen.

Entscheidende Abstimmungen wurden auf Termine verschoben, die Frauen aus «armen» Ländern gar nicht mehr wahrnehmen konnten.

Noch im selben Jahr verabschiedete die UN-Generalversammlung die Resolution 52/100 «Gender perspective in all policies and programs in the UN system» und machte Gender-Mainstreaming zur Auflage für alle Massnahmen und Programme der UN. 1996 verpflichtete sich die Europäische Union dazu. Seither zieht Gender-Mainstreaming durch alle Hochschulen, staatliche Verwaltungen und Erziehungsinstitutionen. Gender-Mainstreaming kennt keine Grenzen, diese EU-Norm wurde in der Schweiz längst übernommen und ist inzwischen westlicher Standard.

Vordergründig geht es um gleiche Rechte, Frauenquoten, gleiche Löhne, das Ende der Diskriminierung von verschiedenen sexuellen Ausrichtungen. Aber die Ideologie dahinter ist auf dem Boden von Männersturheit und Frauenfrust gewachsen.

Können wir Männer unsere Schuld einsehen? Sind wir bereit, Privilegien abzulegen? Können wir Rechenschaft geben über unsere Muster, wie wir unbewusst funktionieren? Haben wir den Mut, den Frauen auf Augenhöhe zu begegnen? Wir elenden Männer, wer wird uns erlösen aus unseren töteligen Mustern? Ihr Männer, «Liebet eure Frauen» (Vers 25) ist keine Bettgeschichte – das wird auf Augenhöhe am Tag gelebt. Und umgekehrt: Ihr elenden Frauen, wer wird euch erlösen aus euren töteligen Mustern? Dank sei Gott, der uns beiden den Sieg gibt durch Jesus Christus (1. Korinther 15,57).

Abigail – kluge Frau mit Pfiff

Bevor David König wurde, war er über viele Jahre ein umherstreunender Freischärler mit einem wilden Männerhaufen und beschützte Hirten und Schafherden in südlichen Wüstengebieten. Nicht ganz eigennützig, denn hin und wieder bekam er dafür einen guten Bissen.

Nabal war ein Hirtenscheich – reich, roh und stur. Nabal hielt Schafschur und ein Gelage, aber verweigerte den Boten Davids, die um eine Entschädigung für ihre Dienste baten, jedes Brot. Da wurde David sternhagelwütend, zog sofort los und wollte sich an Nabal rächen.

Nun aber tritt die Frau Nabals, Abigail, auf. Sie hat gesunden Menschenverstand, ist clever, strategisch geschickt. Sie reitet auf ihrem Esel David entgegen. David kommt von oben, voller Wut, fühlt sich im Recht. Doch Abigail kriegt es kunstvoll hin, dass David ihr zuhört, am Ende ihr sogar dankt, dass sie ihn vor blindwütigem Zuschlagen bewahrt hat. Das wäre – so Abigail – ein blöder Fleck auf Davids künftiger Königsweste. Abigail erinnert David in ihrer Klugheit an dessen wirkliche Berufung und den damit verbundenen Segen, sofern David nicht kurzfristig «drausläuft» und zuschlägt. Abigail tritt auf Augenhöhe auf – was für eine Frau! David lässt sich etwas von einer Frau sagen – was für eine reife Leistung eines Mannes voller Rage! Wenn wir es krass formulieren wollen: Abigail rettet David (siehe 1. Samuel 25).

Eine Frage an die Frauen:

- Wagst du es, gegenüber Männern wie Abigail aufzutreten? So bist du nämlich von Gott gemeint, Frau – klug, der Situation gewachsen und fähig, Fehler in Segen zu verwandeln.

Das Gespräch begann wegen einer Schöpfkelle

Ein Mann sitzt am Brunnen und eröffnet das Gespräch mit einer Frau, ohne sie anzubaggern. Die Frau ist erstaunt, dass sie ernst genommen wird. Dann ehrt der Mann die Frau, indem er sich für ihre Biografie interessiert und sie zur Gesprächspartnerin über tiefe Wahrheiten auswählt. Sie reden über Propheten, Religionen und den kommenden Messias, damals alles Männerthemen, aber der Mann kriegt es hin, dass die Frau wie selbstverständlich auf Augenhöhe mitdiskutiert. Diese Frau – obwohl gesellschaftlich diskriminiert – tankt aus dem Gespräch so viel Mut, dass sie zu den Frauen und Männern im Dorf eilt und von Jesus Bericht erstattet (siehe Johannes 4).

Nun die Fragen an die Männer:

- Kannst du als Mann ein Gespräch mit einer Frau auf Augenhöhe eröffnen?
- Wann hast du zum letzten Mal anhand einer Schöpfkelle, das heisst in der Küche, ein gescheites Gespräch geführt und erinnerst dich noch an die Argumente deines Gegenübers?
- Wann hast du dich als Mann für die Biografie einer Frau interessiert?
- Kannst du dich outen, was dich als Mann in deinen Seelenwindungen selber beschäftigt? Gibst du dir Mühe, dich dazu differenziert auszudrücken?

- Sind Gesprächspartnerinnen nach dem Gespräch mit dir motiviert oder desillusioniert über das Wesen von Männern?

Männer- und Frauenfallen

Ein Mann kommt nach Hause. Seine Frau möchte sich aussprechen. Der Mann präsentiert ihr *seine* Lösungen. Die Frau möchte aber nur angehört werden. Wir erkennen die Falle: Der Mann macht seine Männlichkeit bzw. seine männliche Einschätzung zum Mass aller Dinge. Er meint, in allen Fragen kompetent zu sein; die Frau hätte also weniger Probleme, wenn sie es so machen würde wie er. Frauen sollen hübsch und problemlos sein, sonst gibt's Liebesentzug.

Die Falle funktioniert auch andersherum: Die Frauen machen oft ihr Frausein zum Mass aller Dinge. Die Männer werden dann erniedrigt, verachtet, verminderwertigt, mit dem Vorwurf überzogen, kein Gespür zu haben, keine spirituelle Antenne zu besitzen, sowieso immer nur das Gleiche zu wollen. Männer sollten aber ... – in der ganzen Bandbreite zwischen «alle Reste essen» bis zu «keinen Bauch ansetzen», sonst gibt's Liebesentzug.

Versöhnung der Geschlechter

Jesus lockt uns aus solchen Sackgassen heraus: Nimm die Frau in ihrer Andersartigkeit genauso ernst wie dich selber! Nimm den Mann in seiner Andersartigkeit genauso ernst wie dich selber! Stell die Frau in ihrer Andersartigkeit *neben* dich als die, die ergänzend zu deinem Mann-Sein gehört. Stell den Mann in seiner Andersartigkeit *neben* dich als den, der ergänzend zu deinem Frau-Sein gehört. Gott schuf den Menschen als Mann *und* Frau. Seid gegenseitig lernbereit, seid ergänzungsbereit!

Sich gegenseitig unterzuordnen ist eine freiwillige Haltung. Aus diesem Grund lockt uns Jesus, dem Gegenüber Raum zu schaffen, ihm zur Entfaltung zu verhelfen. Du wirst dabei selber gewinnen. «*Das Geheimnis ist gross*» (Epheser 5,32). So hat es Christus gemacht. Darum ist seine Geschichte eine Gnaden-Geschichte. Christus ist das Mass.

In diesem Sinn spricht unser Text von «*verantwortlich sein*» (Vers 23), von «*liebet eure Frauen*» (Vers 25), vom «*Wort, das reinigt*», sprich Klarheit schafft (Vers 26), von «*Vater und Mutter verlassen*» (Vers 31). Denn Jesus lockt uns, unsere Mann-/Frau- und Erziehungsmuster zu verlassen und uns neu zu binden.

Meine Frau und ich haben uns gegenseitig ausführlich erzählt, wie wir erzogen worden sind. Wir sassen dazu am Meeresufer und haben uns gegenseitig ein Erziehungsbuch vorgelesen. Das Wichtige war nicht das Erziehungsbuch, sondern dass wir uns im Detail darüber ausgetauscht haben, wer was als Kind erlebt hat und wie uns das als Mädchen bzw. Frau, als Bub bzw. Mann geprägt hat. Tagelange Gespräche voller Überraschungen, voll von Selbsterkenntnissen, Sich-verstehen-Lernen, von Tränen und Freuden. Wenn's zu heiss wurde, sind wir ins kühle Meer gerannt. Der Mensch aus Mann und Frau wird Gottes Ebenbild dadurch, dass er sein Gegenüber erkennt und lieb gewinnt.

Lebensmuster durchschauen

Jesus lockt uns zum Friedensschluss zwischen den Geschlechtern. Versöhnung ist nicht einfach. Versöhnung müssen wir einüben. Wer sich versöhnen will, muss vergeben (wollen). Wer Versöhnung leben will, muss bereit sein, seine Lebensmuster zu reflektieren und transparent zu machen. Wer Versöhnung leben will, braucht auch Humor: «Aha, da bin ich wieder mal in ein altes Muster getrampt!» Aber in der Versöhnung entstehen reife Persönlichkeiten. Wer sich versöhnen kann, muss nicht fliehen. Wer sich versöhnen kann, wird stark und bindungsfähig.

Abigail hat sich mutig ins Zeug gelegt. Darum ist aus David jemand geworden! Die Samariterin am Brunnen ist in ihrer Persönlichkeit gewachsen, weil sie vom Mann Jesus ernst genommen wurde.

Wir können als Frau bzw. als Mann konservativ oder partnerschaftlich leben. Die Bibel sieht das nicht so eng. Aber die Bibel ruft uns immer in die Verantwortung. Wir sind immer Zeuginnen und Zeugen, entweder für den Kampf oder für die Versöhnung der Geschlechter. Und wir sind immer Vorbilder für die nächste Generation – hoffentlich ermutigende Vorbilder!

Willst du in deiner Rolle als Frau, als Mann zur Versöhnung der Geschlechter beitragen? Gott segne dich dazu!

Wenn alles zerbricht

«*Denkt nicht, ich sei gekommen, um das Gesetz oder die Propheten ausser Kraft zu setzen. Ich bin nicht gekommen, um ausser Kraft zu setzen, sondern um zu erfüllen. Denn ich sage euch: Solange Himmel und Erde nicht vergehen, wird auch kein einziger Buchstabe und nicht ein einziges Strichlein vom Gesetz vergehen; alles muss sich erfüllen.*» [...] «*Ihr wisst, dass es heisst: ‹Du sollst nicht die Ehe brechen!› Ich aber sage euch: Jeder, der eine Frau mit begehrlichem Blick ansieht, hat damit in seinem Herzen schon Ehebruch mit ihr begangen. Wenn du durch dein rechtes Auge zu Fall kommst, dann reiss es aus und wirf es weg! Es ist besser, du verlierst eines deiner Glieder, als dass du mit unversehrtem Körper in die Hölle geworfen wirst. Und wenn du durch deine rechte Hand zu Fall kommst, dann hau sie ab und wirf sie weg! Es ist besser, du verlierst eines deiner Glieder, als dass du mit unversehrtem Körper in die Hölle kommst.*» «*Es heisst: ‹Wer sich von seiner Frau scheiden will, muss ihr eine Scheidungsurkunde aushändigen.› Ich aber sage euch:*

Jeder, der sich von seiner Frau scheidet – es sei denn, dass sie ihm untreu geworden ist –, treibt sie in den Ehebruch; und wer eine geschiedene Frau heiratet, begeht ebenfalls Ehebruch.»

Matthäus 5,17–18.27–32

Das Thema «Wenn alles zerbricht» meint Scheidung. Wenn Menschen alles gegeben haben und es dennoch zu einem Misserfolg kommt. Schachmatt gesetzt. Wenn die engste Beziehung in die Brüche geht, wenn ein Trümmerfeld und ein Wirrwarr von wechselnden Täter- und Opferrollen bleiben. Scherbenhaufen. Was dann?

Wir leben in einer Welt, in der alles zerbricht

Regelmässig wird in der Normandie D-Day gefeiert. Dann gedenkt man des Tages, an dem Zehntausende Zivilisten und Soldaten mit dem Einsatz ihres Blutes eine Wende im Zweiten Weltkrieg erzwungen haben. Ich kam während einer England-Reise mit einem englischen Panzerfahrer in Kontakt, der als einer der Ersten auf dem Boden der Normandie aufgesetzt hat – und überlebt hat. Dieser Moment hat sein Lebenszeugnis geprägt. «Ich war dabei, als wir dem menschenverachtenden Nazi-Regime die Stirn geboten haben. Wir haben das Böse besiegt!» Das stimmte. Damals konnten die Alliierten gegen die weltweit grösste Bosheit antreten und siegen.

Es ist über 70 Jahre her, dass die Amerikaner einen Krieg erfolgreich abgeschlossen haben – zum letzten Mal. Schon der Koreakrieg war kein grundsätzlicher Erfolg mehr, später folgte das Desaster von Vietnam. Nachdem die russischen Streitkräfte sich in Afghanistan die Zähne ausgebissen hatten, verstrickte sich Amerika dort in einen endlosen Krieg. Die Irak-Kriege brachten mehr Probleme als Lösungen. Daneben Afrika-Experimente, Wirtschaftskriege. Und überall das Gleiche: Mit Waffen zum Erfolg durchzudringen ist beinahe unmöglich geworden.

Als ich Student war, hat der Bonjour-Bericht die heile Welt der Schweiz erschüttert. Professor Bonjour klärte auf, dass die Schweizer Uhrenindustrie über lange Jahre für Hitler gearbeitet und Präzisions-Zünder für deutsche Bomben produziert hat, wodurch der Schweiz möglicherweise ein deutscher Angriff erspart geblieben ist. Die diplomatischen Manöver des damaligen Bundesrates kosteten Tausenden Jüdinnen und Juden das Leben, wenige Kilometer oder gar Meter vor unserer Schweizergrenze. Unterdessen gibt es neue Forschungsergebnisse. Aber wie immer wir uns rechtfertigen wollen, unsere heile Schweizer-Welt zerbricht an solchen geschichtlichen Realitäten.

Nach dem Krieg folgte der grosse Aufstieg. Dann polterte die 68er-Bewegung über die europäische Bühne. Als Student war es für mich aufregend, auf den Stufen vor der Uni zu sitzen, den beinahe heiliggesprochenen Studentenführer Cohn-Bendit zu erwarten sowie seine Ankündigungen des Zerbruchs aller Normen: Musik in den Ohren von

Freiheitsdurstigen. Aber trotz lautstarker Proklamationen haben sich unsere Erwartungen nicht wirklich erfüllt.

Heute, bald 50 Jahre später, finden wir uns in einer Welt vor, in der die Kriegsfronten überall sind. Der Einsturz der Twin-Towers begrub Zivilisten. Autobomben können in jeder Stadt explodieren. Erreichen die täglichen blutigen Bilder im TV noch unsere Emotionen? Unser gut gehütetes Bankgeheimnis zerbröselt. Trotz angenommener Abzocker-Initiative wird weiter gezockt. Die Beziehungen der Geschlechter, der Wert der Treue, alles ist grundsätzlich infrage gestellt. Unser Leben zerfällt in einzelne Lebensabschnitte, darum wurde das Wort «Lebensabschnittspartner» erfunden. Die Freunde Jesu hatten ihrem Rabbi die gewaltigen Gebäulichkeiten des Tempels gezeigt. Sie waren nicht ganz so hoch wie unser Basler Roche-Turm, aber doppelt so prächtig. Jesus reagierte nüchtern: «*Kein Stein wird auf dem anderen bleiben*» (Matthäus 24,1). Alles hat seine Zeit. Alles wird zerbrechen. Was bleibt?

Was bleibt

Wir finden in der Bergpredigt Jesu einen Hinweis: «*Jedes Jota des Gesetzes bleibt*» (Vers 18). Jesus meint damit: Die Thora bleibt gültig. Sie bleibt gültig, weil sie das Wesen des ewigen Gottes spiegelt. Die Thora ist zwar ein zeitgenössisches Dokument und von Menschenhand geschrieben. Aber sie ist auch Ausdruck Gottes.

Im 1. Buch Mose ist das Thema: Von Gott und durch ihn und auf ihn hin ist alles geschaffen. Solange es Menschen gibt, werden wir uns mit unserer Geschöpflichkeit und dem Schöpfer auseinandersetzen.

Das 2. Buch Mose ist das Buch der Befreiung: Gott lässt es nicht gelten, dass ein Volk ein anderes versklavt. Er stellt sich auf die Seite des Schwächeren. Das hat mir als Jüngstem im Kreis meiner Geschwister enorm geschmeichelt und mich motiviert. Gott schenkt Freiheit!

Im 3. Buch Mose werden alle Opfervorschriften geregelt. Sie weisen samt und sonders auf Jesus hin. In ihm sind alle Opfer erfüllt. «*Er war gehorsam bis zum Tod am Kreuz*», steht in Philipper 2,8 geschrieben. Solange es Menschen gibt, wird es Täter und Opfer geben, Rollen-Zuschiebungen. Aber das grosse Geheimnis ist Jesus als das souveräne und freiwillige Opfer. In Kapitel 20 folgt dann das Heiligkeitsgesetz: «*Ich bin heilig und ihr sollt heilig sein*» (Vers 26), das heisst: in Beziehung zu Gott leben. Solange es Menschen gibt, wird uns die Frage beschäftigen, wie wir in Beziehung mit dem Unsichtbaren leben können.

Im 4. Buch Mose geht es darum, wie das Gottesvolk mit seinem Gott unterwegs ist. Solange es Menschen gibt, werden wir unterwegs sein, weil alles Irdische zerbricht. Wir werden uns immer nach Heimat sehnen, «*denn wir haben hier keine bleibende Stadt*» (Hebräer 13,14).

Das 5. Buch Mose birgt eine gewaltige Geschichtsschau. Der Verfasser schaute voraus, prophezeite Segen, wenn Gottes Wort ernst genommen wird, und Fluch und

Katastrophe, wenn das Volk Gottes sein Wort vergessen sollte. Nach der Katastrophe der Zerstörung Jerusalems mussten die Juden ins babylonische Exil. Dort lasen sie diese Texte mit neuen Augen. Was blieb ihnen, wenn alles zerbrochen war? Wenn sie keine Häuser, kein Geld, keinen Gottesdienstort, nur noch Schulden und Wunden hatten – was blieb? Und sie fanden: «*Das Wort Gottes bleibt in Ewigkeit*» (Jesaja 40,8), das Wort dieses Gottes, der zwar Katastrophen zulässt, aber uns nicht aufgibt. Im Exil hatten sie nur noch das Wort, die Thora. Also tanzten die Juden mit der Thora als ihrem kostbarsten Schatz.

Die Thora zeigt auch die Grundthemen und Grundpfeiler unseres Christenlebens. Die Thora bleibt, weil sie das Wesen Gottes spiegelt und den Retter erwartet. Jesus ruft uns zu: «Das Wort Gottes gibt euch Halt. Mein Wort hält stand wie das Haus auf dem Fels!» Wer hier Abstriche macht, hat das Wesen des Reiches Gottes nicht verstanden. Im Wort Gottes ist Leben. Bejahe es, lass es dein ganzes Leben durchdringen. Gott kennen ist Leben.

Abraham Heschel formuliert: «Ohne Thora schicken wir modernen Menschen Gott ins Exil, und wundern uns, wenn er weg ist, aus unserem Leben ‹entfällt›.»

Weder Gesetzlichkeit noch Auflösung aller Normen

Wenn Jesus die Thora hochachtet, hat das nichts mit der Gesetzlichkeit der Pharisäer zu tun, die ein raffiniertes Gesetzes-System ausgeklügelt hatten und peinlich genaue Einhaltung einforderten. Es hat auch nichts mit der Buchstabengläubigkeit und dem Drohfinger von rechtgläubigen Christen zu tun, was suchende Menschen bis heute abstösst. Jesus gibt uns keinen Freipass, im Namen des Wortes Gottes abzuurteilen. Jesus steht auf gegen jede Gesetzlichkeit *und* gegen die Auflösung aller Normen.

Die Leute sind zu ihm geströmt. Sie haben gespürt: Wie Jesus die Thora auslegt, da steckt Leben drin, da ist Verantwortung, da ist Gerechtigkeit. Jesus ruft: «Kehrt um! Kehrt euch ab von aller engen Gesetzlichkeit, aber auch von aller Relativierung des Wortes Gottes. Kehrt um und nehmt eure Verantwortung gegenüber Gott wahr!»

Und mittendrin im kollektiven Zerbruch der Welt ist unser persönlicher Zerbruch: «Ich bin gescheitert!» Da sind unsere Brüche im Leben, an deren Erinnerungen wir nagen. Da sind die Einbrüche in unserer Biografie.

Auf der anderen Seite qualifiziert ein Zerbruch auch. Im Zerbruch gewinnen Frauen und Männer an Reife. Da verfliegen Illusionen. Im Zerbruch bekommt unser Leben Bodenhaftung. Nichts ist schlimmer als unbeugsame, stolze Geier, die keine Ahnung haben von den Abgründen des Lebens. Wie treffend und ehrlich ist doch Psalm 22, den Jesus am Kreuz gebetet hat: «*Mein Gott, warum hast du mich verlassen? [...] Die Zunge klebt mir am Gaumen.*» Darum steht im Hebräerbrief geschrieben, dass Jesus die Elenden versteht, insbesondere auch die Geschiedenen.

Die schockierende Schärfe von Jesus

«Wenn dich dein Auge verführt, reiss es aus! [...] Wenn dich deine Hand verführt, hau sie ab!» (Verse 29-30). Meldet sich da nicht Protest in uns? Ein Jesus der abgehackten Hände, wie bitte? Hoffentlich protestieren wir da alle. Auf der anderen Seite ist uns auch nicht geholfen mit der Abschaffung aller Normen, wodurch das Chaos der Beliebigkeit losgetreten wird.

Jesus benutzt hier das stilistische Mittel der Übertreibung, um klarzumachen, wie ernst es ihm ist. Er wendet sich dagegen, dass wir Gedanken über unrechtmässigen Beziehungen Raum geben. Immer wieder suchten Männer auch damals nach einer «Rechtfertigung» für die gewünschte Scheidung. Einen Grund finden Männer und Frauen immer. Uns Männer erinnert Jesus mit seiner Übertreibung daran, dass wir zwar nicht mehr in Höhlen wohnen, aber uns oft noch wie Jäger und Sammler verhalten. Mit unserem männlichen Jäger- und Sammler-Blick scannen wir jegliche Geschöpflichkeit und Weiblichkeit. Das ist uns angeboren. Aber nur Idioten meinen, dass alles, was da duftet und gezeigt wird, für sie persönlich gemeint sei. Und zugegeben, Frau macht es uns Männern nicht immer einfach, unsere Blicke und Gedanken «im grünen Bereich» zu halten.

Für Verheiratete bedeutet das: Klar ist die Liebe zueinander auch Schwankungen unterworfen. Aber in der Liebe gibt es auch ein Anrecht auf Treue.

Treue ist Massstab im Reich Gottes. Oder anders gesagt: Bin ich fleischgesteuert oder geistgesteuert? Der Geist Gottes in uns respektiert die Würde der Personen. Der Geist Gottes «*prahlt nicht, bläht sich nicht auf, tut nichts Unschickliches, sucht nicht den eigenen Vorteil*» (vgl. 1. Korinther 13).

Fleisch und Geist

Wenn wir in diesen Spuren des Reiches Gottes vorwärtsgehen, dann werden wir ehrlicherweise immer wieder straucheln. Wir werden Fehler machen, dreintrampen, unnötig reizen. Wenn wir in den Spuren Jesu gehen, dann respektieren wir sein frühzeitiges Vorwarnsystem als hilfreiches Limit. Wir werden auch unsere Abstürze reflektieren, unsere Zerbrüche ans Licht bringen. Wir suchen Klärung und nehmen Vergebung in Anspruch. Wir üben, Verantwortung zu übernehmen. Wir verdrängen unsere angeborenen Muster nicht. Wir lernen, damit umzugehen. Wir üben, Frauen und Männer Gottes zu sein.

Unsere Befindlichkeit ist immer eine Mischung aus Fleisch und Geist. Im Drunter und Drüber wie zu Noahs Zeiten braucht es Leitlinien. Darum nehmen wir die Limits von Jesus ernst.

Pharisäer definieren kleinkarierte Grenzen – Christinnen und Christen achten auf die Spielregeln Jesu, trauen auf Gottes Hilfe und übernehmen Verantwortung.

Worin besteht deine innere Steuerung als Frau, als Mann? Musst du alle beeindrucken? Wohlgemerkt: Geistgesteuert zu sein ist nicht Prüderie – es kann sehr charmant sein.

Die Frage der Geschiedenen

Eine gewaltbereite Männerschar stürmt in den Tempel. Sie haben eine Ehebrecherin dingfest gemacht. Steine werden aufgehoben. Die Pharisäer verlangen von Jesus die Ausführung der Thora-Vorschriften. Jesus kniet auf dem Boden, auf Augenhöhe mit der angeschuldigten Frau, und schreibt in den Sand. Aber die Männer mit den Steinen geben keine Ruhe. Da steht Jesus auf, geht auf Augenhöhe mit den Männern und ruft laut: «*Wer von euch ohne Sünde ist, werfe den ersten Stein!*» (Johannes 8,7). Jesus rettet die Frau. Seine Gerechtigkeit ist besser als die der Pharisäer. Zur Frau sagt Jesus: «Tu's nicht mehr und trete ein in den Schalom!» Damit zeigt er, wie das Reich Gottes tickt: Es gibt Regeln. Und es gibt Vergebung. Jesus setzt die Frau frei und gibt ihr eine neue Chance.

Bei Jesus ist klar: Idealerweise sollte es keine Scheidung geben. Es gibt sie aber – wie unsere Gier, unseren Zorn und unseren Neid. Zur Zeit Jesu waren Scheidung und Wiederverheiratung gesellschaftlich völlig anerkannt. Heute gibt es Christinnen und Christen, die nach einer Scheidung nicht mehr heiraten wollen. Sie sind verletzt. Oder sie meinen, dass die Bibel vorschreibe, auf eine neue Heirat zu verzichten. Andere möchten eine neue Chance erhalten – trotz ihrer Wunden. Fremdgehen heisst nicht unbedingt, dass jemand ein sexuelles Abenteuer eingeht. Fremdgehen kann bedeuten, den Partner mit überhöhter Zuwendung zu den Kindern betrügen, oder mit Alkohol, Hobby, Freunden oder starken Gefühlen in einer anderen Beziehung. Immer wieder ist eine Scheidung wie das Begräbnis einer schon gestorbenen Ehe. Ist es nicht erstaunlich, wie Jesus sogar der Ehebrecherin das Leben nicht abschneidet, sondern neu öffnet?

Könnte es unsere Aufgabe sein, Menschen in all ihren Zerbrüchen beizustehen, sie zu begleiten, sie zu verstehen, sie zu ermutigen, Verwundungen aufzuarbeiten, zu vergeben, und ihnen zu helfen, Vergebung anzunehmen? Oder sollen wir den Stab brechen über den längst Geschundenen?

Jesus vertritt: Ja, da ist ein Bruch, der nicht sein sollte. Aber wer wirft den ersten Stein? Und wer will Jesus verbieten, zu vergeben, freizusetzen, eine neue Chance zu geben? Für Jesus ist ein Ehebruch kein leicht zu rechtfertigender Seitensprung. Ja, da war Mangel an Liebe und Treue. Da war Zerbruch. Aber Jesus überrascht uns mit seinem grossen Herzen. Können auch wir Zeuginnen und Zeugen der Ermutigung sein – mitten in einer zerbrechenden Welt? Ja, wir sind Zeuginnen und Zeugen der Kraft des Reiches Gottes und der Kraft der Vergebung.

Feueröfen

Nebukadnezzar, der König, machte ein Standbild aus Gold, sechzig Ellen war seine Höhe, sechs Ellen seine Breite. [...] Und laut rief der Herold: Euch, Völker, Nationen und Sprachen, wird gesagt: Sobald ihr den Klang [...] von Musik hört, sollt ihr niederfallen und dem goldenen Standbild huldigen [...]! Und wer nicht niederfällt und huldigt, wird umgehend in den lodernden Feuerofen geworfen. [...] Es kamen damals kasdäische Männer und verleumdeten die Judäer. Dabei sagten sie zu Nebukadnezzar, dem König: [...] Es gibt judäische Männer, die du eingesetzt hast über die Verwaltung der Provinz Babel: Schadrach, Meschach und Abed-Nego. Diese Männer scheren sich nicht um dich, König! Deinen Göttern dienen sie nicht, und dem goldenen Standbild, das du aufgestellt hast, huldigen sie nicht. [...] Daraufhin sprach Nebukadnezzar zu ihnen: Ist es wahr, Schadrach, Meschach und Abed-Nego, dass ihr meinen Göttern nicht dient und dem goldenen Standbild, das ich aufgestellt habe, nicht huldigt? Nun, wenn ihr bereit seid, euch niederzuwerfen und dem Standbild, das ich gemacht habe, zu huldigen, sobald ihr den Klang von [...] Musik hört – wenn ihr aber nicht huldigt, werdet ihr umgehend in den lodernden Feuerofen geworfen. Und wer sollte der Gott sein, der euch aus meinen Händen retten könnte? Daraufhin sprachen Schadrach, Meschach und Abed-Nego zum König: Darauf müssen wir dir keine Antwort geben. Wenn der Gott, dem wir dienen, uns retten kann, wird er uns aus dem lodernden Feuerofen und aus deiner Hand, König, retten. Und wenn nicht – es sollte dir bekannt sein, König, dass wir deinen Göttern nicht dienen und dem goldenen Standbild, das du aufgestellt hast, nicht huldigen werden! Da schäumte Nebukadnezzar vor Wut. [...] Und diese drei Männer, Schadrach, Meschach und Abed-Nego, fielen gefesselt in den lodernden Feuerofen. Da erschrak Nebukadnezzar, der König, und erhob sich eilends. Daraufhin sagte er zu seinen Staatsräten: Haben wir die drei Männer nicht gefesselt in den Feuerofen geworfen? Ich sehe vier Männer frei umhergehen im Feuer, und sie haben keine Verletzung, und das Aussehen des Vierten gleicht dem einer Gottheit. [...] Daraufhin sagte Nebukadnezzar: Gepriesen ist der Gott von Schadrach, Meschach und Abed-Nego, der seinen Engel geschickt und seine Diener gerettet hat, die ihm vertraut haben und die das Wort des Königs übertreten und ihre Körper hingegeben ha-

ben, um keinem Gott dienen und huldigen zu müssen ausser allein ihrem Gott.
Daniel 3,1–28 (Auszug)

Herrscher und öffentliche Meinung

Zu allen Zeiten und in allen Jahrhunderten gab es Könige und Diktatoren. Sie nehmen für sich in Anspruch, ihre Länder nach ihren Ansichten zu gestalten. Sie bestimmen, was richtig oder falsch, was erlaubt oder verboten ist. Ihre Untertanen müssen gehorchen, parieren – mindestens vorne herum. Die Mächtigen lieben Loyalitätsbekundungen; sie lieben es, von Jasagern umgeben zu sein. Sie dulden keinen Widerstand. Der Feuerofen gehört zum ständigen Inventar der Mächtigen. Mit Drohungen wird eingeheizt; die Angst ist dabei lodernde Triebkraft. Jeder Mann und jede Frau soll antreten und niederfallen.

Andererseits gab und gibt es mitten in all diesen Machtsystemen immer auch Menschen mit untrüglichen Antennen. Mahatma Gandhi war ein solcher Querdenker. Er lehrte seine indischen Volksgenossen, mit einfachen Mitteln selber Salz zu gewinnen und vieles mehr. Gandhi hatte zeit seines Lebens ein Neues Testament in seiner Tasche. Ein Mensch mit Antenne wie auch Dietrich Bonhoeffer. Mitten in der Nazi-Propaganda hat Bonhoeffer seine Antenne ausgefahren und aus Überzeugung gehandelt. Solche Frauen und Männer sind Zeichen des Reiches Gottes mitten in einer Welt, die im Takt der mächtigen Meinungsmacher tickt.

In der Schweiz regieren offiziell keine Könige. Wir haben nur Behörden – dafür viele. Es kommt jeweils zu einer mittleren nationalen Katastrophe, wenn die Classe Politique nicht mehr die öffentliche Meinung bestimmen kann. Wir Schweizer funktionieren per «vox populi vox Dei». Das bedeutet: Wenn das Volk gesprochen hat, muss man nicht einmal mehr Gott fragen.

Auch in der lieben Schweiz baut die öffentliche Meinung Druck auf. In den Umfragen vor Abstimmungen wird uns im Voraus beschieden: So denkt die Schweiz. Wenn du mit dieser Mehrheit übereinstimmst, gehörst du zu den Gewinnern. Du kannst risikolos den grössten Quatsch gutheissen. Zivilcourage provoziert den Feuerofen. Viele knien lieber freiwillig nieder.

Du bist kein blinder Befehlsempfänger

Reich Gottes bedeutet: Mitten in der öffentlichen Meinung fährt jemand seine Antenne aus und fragt: Was sagt Gott? Was sagt der Ewige dazu? Unsere Stille Zeit mit Gott ist das tägliche Training: Antenne ausfahren, auf Empfang gehen. Welch ein Privileg, dass wir immer wieder von ihm hören dürfen: «Du bist du. Du bist keine Nummer, du bist speziell designt!» Unser persönlicher Fingerabdruck bezeugt uns: Jede und jeder ist besonders, «made by God».

Ich bin fasziniert vom grossen Du, dass Gott zu dir und mir persönlich spricht. Ich bin fasziniert, dass wir nicht plumpe Befehlsempfänger einer «unité de doctrine» von Gottes Gnaden sind. Jede und jeder hat seine eigene Geschichte mit Gott, dem grossen Du. Der Austausch über unsere Geschichten mit ihm ist spannend. Unsere Hauskreise sind keine Zusammenkünfte von Befehlsempfängern, sie sind geistliche Denkschmieden.

Der Wunsch zu sein wie alle

Seit dem Holocaust gibt es bei vielen Juden den Wunsch: Wir wollen endlich ein ganz normales Volk sein. Wir wollen sein wie alle Völker, das Gleiche denken, das Gleiche gut finden, nicht auffallen in der Weltgemeinschaft. Gott erlaubt es nicht. Juden sind zwar Menschen wie wir alle – aus Fleisch und Blut und mit Fehlern behaftet. Aber Juden sind auf besondere Weise Zeugen des ewigen Gottes. Das provoziert Feueröfen. Das Riesenfeuer von Auschwitz ist der grösste Feuerofen der Geschichte.

Anhand prophetischer Verheissungen und rabbinischer Auslegungen wird gelehrt, dass das auszuhalten sei und dass jüdisches Leiden einen tiefen, geheimnisvollen Sinn für die Welt habe. Darum haben Juden Jesaja 53 und die Hiob-Geschichte immer auch auf sich selber bezogen. Sie laufen im Schatten des Gekreuzigten, ohne ihn wirklich schon zu sichten.

Nüchterner Glaube

König Nebukadnezar unterschob den drei Männern Schadrach, Meschach und Abed-Nego, die ihre Antennen ausgefahren hatten, Nachlässigkeit. Er bot ihnen Wiedergutmachung an. Sie hätten ihren Kniefall nachholen dürfen. Ihre Überzeugung nahm er keinesfalls ernst. Sie antworten ihm nüchtern: «Sorry, wir denken nicht dran, uns vor dem Standbild zu beugen!» Was mich besonders fasziniert: Die drei Männer kalkulierten ihre Rettung nicht ein. Sie verfügten keineswegs über Gott im Sinn von «Wenn wir für ihn einstehen, dann muss er uns retten». Nein, die drei Männer sagten mutig: «Gott hat die Freiheit, ob er retten will!» Sie blieben fest – nicht weil sie sich ihrer Rettung sicher waren, sondern weil ihre Antenne und ihr Gewissen sie so leiteten. Das ist nüchterner Glaube, der mit dem Martyrium real rechnet. Damit gewinnen die drei unsere Achtung.

Gott erwählt Werkzeuge

Gott forderte zur Zeit der Sintflut den Noah heraus, zur Zeit der Städte Sodom und Gomorra den Abraham. Gott sondert sich Gemeinde aus und erhält sie am Leben. Gott erwählt sich Werkzeuge, Gefässe, manchmal nur eine Handvoll Leute. Hier drei Männer. Sie stellen in unserem Kapitel Kirche bzw. Reich Gottes dar. Diese drei rüstet Gott aus, sodass sie nicht niederfallen müssen. Gott legt ihnen die Worte, die sie jetzt aussprechen, wo sie vor den König geschleppt werden, in den Mund: «*Es ist nicht nötig, dass wir dir darauf antworten. Siehe, unser Gott, den wir ehren, kann uns wohl retten aus dem glühenden Ofen, dazu auch von deiner Hand retten. Und wo er's nicht tun will, so sollst du dennoch wissen, dass wir deine Götter nicht ehren*» (Verse 16–18).

Wir sehen in diesen Worten das Wunder der bekennenden Kirche. Darauf verliert der höchste weltliche Herrscher völlig die Fassung. Er tobt und droht mit dem siebenfach heissen Ofen. Aber über den drei Reich-Gottes-Leuten steht die Verheissung von Jesaja 43,2: «*Wenn du durchs Feuer gehst, du wirst nicht verbrennen.*»

Der geheimnisvolle Vierte

Nachdem die mutigen Männer in den siedenden Ofen geworfen worden sind, erkennt König Nebukadnezzar eine vierte Person im Feuer. Als «Sohn der Götter» wird er im Text bezeichnet. Wir glauben, ihn zu kennen. Es ist der Heilige Gottes, hinabgestiegen in die Feueröfen dieser Welt, weil er die ganze Breite und Länge und den Druck der öffentlichen Meinung kennt und weil er um die ganze Höhe und Tiefe unserer Versuchungen weiss. Er erbarmt sich über uns. Er stellt sich mitten in den Feueröfen zu uns. Mitten im Feuerofen ist ER. Mitten im Feuerofen steht das

Kreuz des Erlösers. Er richtet alle Meinungen und er ruft mit seiner Stimme.

Dieses dritte Kapitel des Danielbuches ist ein prophetisches Kapitel über allen Drucksituationen. Jesus ist da. Weder das Feuer eines Nebukadnezzar noch der Tod hat Macht über seinen Leib. Sein Kleid ist unversehrt und der Geruch des Todes haftet ihm nicht an, denn er ist auferstanden und regiert in Herrlichkeit. Der geheimnisvolle Vierte ist der Herr in und über allen Feueröfen. Er kennt alle deine brenzligen Erlebnisse, sogar die Feueröfen vor deiner Geburt und die Feueröfen, die du als Kind erlebt hast. Auch die, welche dich bis heute schmerzen, und die, welche du verdrängst, weil sie dir zu heiss sind. Es gibt keine Feueröfen, in denen Jesus nicht präsent ist.

Ich erwähne drei Feueröfen, an denen wir irgendwann vorbeikommen.

Taufe

Der Tag der Erwachsenentaufe ist wie ein Feuerofen. Wenn Frauen und Männer unserer Gemeinde ans Birsufer treten, stehen sie zwar vor dem kühlen Nass, aber Taufe ist Feuerofen. Da stehst du vielleicht Familienangehörigen gegenüber, die ihre Köpfe schütteln. Und auch wenn sie gar nicht erst gekommen sind, sind sie im Geist doch mit am Ufer. Du stehst vielleicht Freunden und Kollegen gegenüber, die deinen Weg und deine Überzeugungen nicht mehr teilen.

Aber du stehst da mit deinem Bekenntnis zu Jesus Christus. Er ist künftig dein Erlöser und König. Feuerofen!

Am Tag deiner Taufe ziehst du einen Schlussstrich und bekennst: «Ab heute anders! Ab heute mit Jesus!» Du bekennst das gegenüber einer Mehrheit, die das anders sieht. Spätestens am Tag danach bist du in der Minderheit. Standhalten ist angesagt. Antenne ausfahren ist angesagt. Nicht klugscheisserisch sein, aber mutig sein ist angesagt. Der Feuerofen heisst Zivilcourage zeigen – oder niederfallen.

Der Tag der Taufe ist noch in anderer Hinsicht ein Feuerofen. Du merkst: Was *ich* Gott bringe, rettet mich überhaupt nicht. Aber du bist *seine* Wahl. Er liebt dich und das genügt. Es ist alles Gnade. Du merkst: Was ich noch bringen wollte, verbrennt. Meine Verdienste sind nicht gefragt. *«Jesus hat die Wurfschaufel in seiner Hand. Er trennt die Spreu vom Weizen»* (Matthäus 3,12). Alles in deinem Leben muss an ihm vorbei. Schuld wird verbrannt, wird vergeben. Ohne Schuld bist du ein neuer Mensch vor Gott. Jesus tauft mit seinem Feuer und alles, was nicht zum neuen Menschen gehört, soll verbrennen. Am Tag der Taufe wollen wir als Gemeinde die Täuflinge bestärken und wir wollen ihnen bezeugen: Jesus wird mitten in euren Feueröfen dabei sein!

König Nebukadnezzar hat sich wegen des Wunders der drei Männer im Feuerofen nicht bekehrt. Er brachte nur einen Hauch von Anerkennung diesem grossen Gott gegenüber zum Ausdruck. Doch das Herz Nebukadnezzars wurde nicht erreicht. Weder die Machttaten Moses vor dem

Pharao noch die Wunder von Jesus bewirkten postwendend Glauben. Das grösste Wunder ist, dass mit dem Tag deiner Taufe der Geist Gottes auf dich fällt und dein Herz in neuer Weise aufschliesst. Erwarte das mit Spannung und Freude! Und wenn du aus dem Wasser und dem Feuerofen der Taufe herauskommst, wirst du nicht mehr so sein wie vorher.

Als Frau, als Mann im Feuerofen

Der zweite Feuerofen ist der Feuerofen, den das Leben mit sich bringt. Immer wieder werden Männer und Frauen in ihrem Leben Feueröfen bestehen müssen. Feueröfen gehören zu unserem Leben.

Wir Männer agieren gern im Bereich des Machbaren. Wo wir kompetent sind oder meinen, kompetent zu sein. Männer haben gern klare Vorgaben oder Rezepte fürs Leben. Das Unüberschaubare macht uns eher nervös und unsicher. Das Unübersichtliche und Unlogische ist der Feuerofen für uns Männer. Männer wollen Durchblick und Übersicht. Fühlen wir uns machtlos, dann konzentrieren wir uns auf ein Gebiet, das wir beherrschen. Wenn das nicht gelingt, werden Männer wütend, rasten aus. Wir werden beleidigend oder gar gewalttätig. Wenn Angst aufkommt und kein Ausweg besteht, neigen viele Männer dazu, sich kurzfristig Erleichterung zu verschaffen. «Mann» betäubt sich, beispielsweise durch Alkohol oder sexuelle Vergnügungen.

Unsere Herausforderung als Männer ist es, mitten im Feuerofen der Unsicherheit und Unübersichtlichkeit die Energie, die Gott in uns gelegt hat, auf gesunde Weise auszuleben. Echte Männer wollen Beziehungen fördern. Sie helfen anderen, anstatt sie blosszustellen. Echte Männer können Schmerz wahrnehmen, aber der eigene Schmerz verstellt ihnen nicht den Blick auf das Schicksal von anderen. Echte Männer trainieren, damit sie im Feuerofen nicht um sich schlagen oder sich ablenken. Echte Männer wollen etwas von der Hoffnung auf Gott widerspiegeln.

Und die Feueröfen der Frauen? Meine Frau erklärte mir, dass die ganz anders aussehen. Sie erlebt «Frauen-Feueröfen» eiskalt. Frauen versinken wie in einen Brunnen: «O Gott, so habe ich mir das Leben nicht vorgestellt! Ich hänge ab, ich versinke, ich bin allein, ich fühle mich unverstanden …» Eine andere Frau sagt: «Das Unlogische irritiert mich keineswegs. Aber wenn Gott meinen ganz privaten Bereich antastet, das ist Feuerofen!» Ich vermute, es hilft dann, sich bewusst zu machen, dass Jesus neben dir in den Brunnen blickt und du als Frau im Wasserspiegel das Angesicht von Jesus entdeckst. Auch da ist Jesus dabei.

Tod

Der dritte Feuerofen ist der Feuerofen unseres Todes. Im Tod sind wir allein. Ich mit mir. Noch einmal werden wir erleben, dass alles Unwesentliche verbrennt, keine Bedeutung mehr hat. «*Der Tag, an dem Christus sein Urteil spricht, wird zeigen, womit jeder gebaut hat. Dann nämlich wird alles im Feuer auf seinen Wert hin geprüft und es wird sichtbar, wessen Lebenswerk dem Feuer standhält. Hat jemand auf dem Fundament Christus gebaut, wird er gerettet. Verbrennt sein Werk, wird er alles verlieren. Er selbst wird gerettet werden, aber nur mit knapper Not, so wie man jemanden aus dem Feuer zieht*» (1. Korinther 3,13–15).

Im Feuerofen des Todes werden wir wieder Christus begegnen. Er ist da. Er kennt die Frauen und Männer, die sich zu ihm bekannt haben, die ihr Leben in seine Hand gelegt haben. Er kennt die Frauen und Männer, die sich allein auf das Blut des Erlösers verlassen haben. Christus wird sie in sein Reich retten.

Wer kann das bezahlen?

«Mit dem Himmelreich ist es wie mit einem König, der mit den Dienern, die seine Güter verwalteten, abrechnen wollte. Gleich zu Beginn brachte man einen vor ihn, der ihm zehntausend Talente schuldete. Und weil er nicht zahlen konnte, befahl der Herr, ihn mit Frau und Kindern und seinem ganzen Besitz zu verkaufen und mit dem Erlös die Schuld zu begleichen. Der Mann warf sich vor ihm nieder und bat auf den Knien: ‹Hab Geduld mit mir! Ich will dir alles zurückzahlen.› Da hatte der Herr Mitleid mit seinem Diener; er liess ihn frei, und auch die Schuld erliess er ihm. Doch kaum war der Mann zur Tür hinaus, da traf er einen anderen Diener, der ihm hundert Denare schuldete. Er packte ihn an der Kehle, würgte ihn und sagte: ‹Bezahle, was du mir schuldig bist!› Da warf sich der Mann vor ihm nieder und flehte ihn an: ‹Hab Geduld mit mir! Ich will es dir zurückzahlen.› Er aber wollte nicht darauf eingehen, sondern liess ihn auf der Stelle ins Gefängnis werfen, wo er so lange bleiben sollte, bis er ihm die Schuld zurückgezahlt hätte. Als das die an-

deren Diener sahen, waren sie entsetzt. Sie gingen zu ihrem Herrn und berichteten ihm alles. Da liess sein Herr ihn kommen und sagte zu ihm: ‹Du böser Mensch! Deine ganze Schuld habe ich dir erlassen, weil du mich angefleht hast. Hättest du da mit jenem anderen Diener nicht auch Erbarmen haben müssen, so wie ich mit dir Erbarmen hatte?› Und voller Zorn übergab ihn der Herr den Folterknechten, bis er ihm alles zurückgezahlt hätte, was er ihm schuldig war. So wird auch mein Vater im Himmel jeden von euch behandeln, der seinem Bruder nicht von Herzen vergibt.»

Matthäus 18,23–35

Roger de Weck, ehemaliger Direktor der Schweizerischen Radio- und Fernsehgesellschaft, schreibt: «Alle Religionen tragen das Potenzial der Gewalt in sich. Eine gute Religion erzählt Geschichten. Eine schlechte Religion lanciert eine Doktrin.» Ja, eine Doktrin wird schnell zur Ideologie. Und eine Ideologie neigt zu Fundamentalismus. Mit einer Doktrin kann ich meinen Nachbarn erschlagen. «Bist du nicht meiner Meinung und bist du nicht willig, so gebrauche ich Gewalt.»

Auch das Christentum hat das Potenzial zur Gewalt. In Kreuzzügen sind Leute gewalttätig losgezogen. Es kam zu schlimmen Verirrungen. Die Kreuzritter haben sich dabei auf Christus und das Kreuz berufen. Die Nazis haben im Namen des Kreuzes Gräueltaten verübt. Darum ist das

Kreuz zum Schreckenszeichen für Juden und Moslems geworden.

Jesus erzählt Geschichten

Das Herzstück der Botschaft von Jesus sind Geschichten, Gleichnisse vom Reich Gottes. Mit wenigen Worten verdichtet Jesus seine Botschaft. Es sind Geschichten, in denen Gott und Mensch vorkommen. Gute Religion erzählt Geschichten und lädt ein, in den Geschichten über sich selber nachzudenken. Gute Religion kann sogar über ihre eigene Geschichte reflektieren – so geschehen in der Aufklärung. Nach jahrhundertelangen blutigen Religionskriegen beteuerte die kritische Vernunft: Nein, mit Schwertern kann die Botschaft Gottes nicht weitergegeben werden.

Gott ist ein Gott der Geschichte. Er erwählte ein Volk. Er blieb nicht im Himmel. Er entäusserte sich und wurde Mensch. Gott drängt zu seinen Geschöpfen, die er liebt.

Erzähle auch du deine Geschichte! Wenn du behauptest: «Christus lebt», so ist das zwar richtig, es bleibt aber eine Behauptung. Darum erzähle deine Geschichte mit Christus! Wie hast du ihn selber erlebt. Christsein ist die Faszination, dass aus Millionen verschiedener persönlicher Geschichten immer wieder derselbe Christus aufleuchtet. Also weg mit der kalten Doktrin – hin zu den heissen Stories.

Gott zeigt, wer er ist

Jesus erzählt: Ein Mensch wie du und ich wird vor den König gebracht und es wird abgerechnet. Unser Leben ist wie dieses Darlehen, von dem wir in der Geschichte hören. Wir zehren das Darlehen auf und überziehen es schamlos. Wir beuten die Umwelt, sprich die Schöpfung aus; wir töten Leben; unter uns regieren Egoismus, Machtmissbrauch, Ungerechtigkeit, Vätergewalt; wir erfreuen uns am Reichtum hier im Westen, während Menschen in der Dritten Welt übervorteilt werden ...

Die Schuld dieses Menschen vor dem König entspricht umgerechnet der Arbeitsleistung von 2000 Arbeitsjahren. Spüren wir den Druck? Wenn wir gesund sein dürfen, dann können wir ca. 40 Jahre im Arbeitsprozess mithalten. Aber das Fünfzigfache fordert der König ein. So steht es, wenn Gott rechnet. Wir fühlen uns zwar nicht so tief verschuldet. Aber das spielt keine Rolle. Wir denken ja nicht bei jeder Tasse Kaffee an den ausgenützten Plantagenarbeiter in der Dritten Welt. Wir denken nicht immer so weit und so gründlich, aber unsere Versäumnisse summieren sich ins Unermessliche.

Dann heisst es: «*Der König hatte Erbarmen, liess ihn frei und die Schuld erliess er ihm*» (Vers 27). Das ist die Geschichte unseres Gottes: Er liebt Menschen, auch wenn sie ihm alles kaputtmachen. Gott liebt dich, er liebt uns alle.

In Christus hat er das noch einmal ganz deutlich gemacht. Da war jene Frau, von den Pharisäern mit Steinen bedroht, und Jesus kniete sich zu ihr hin und nahm sie in seinen Schutz. Da war jener Petrus, der Jesus verleugnet hat, und Jesus reichte ihm am Ostermorgen ein Stück Fisch – mit Liebe. Dieser Jesus weiss genau, wie wir sind; er weiss um den gewaltigen Dreck, den wir am Stecken haben – und er vergibt. Dieser Jesus schreit am Kreuz: «*Vater, vergib ihnen!*» Dieser Jesus lässt nicht einfach fünf gerade sein, aber er steht gerade für uns. Johannes schreibt in seinem Evangelium (1,14): «*Wir sahen seine Herrlichkeit, voll Gnade und Wahrheit.*» So ist der König!

Die Abrechnung hat schon stattgefunden. Einer ist verkauft worden, einer für alle. Die Zahlung ist geleistet. Jesus hat sich verschenkt. Nur der Sohn kann uns diese Geschichte erzählen, weil er selber am Kreuz bezahlt hat. Heute ist dieser König gegenwärtig. Heute gilt für dein und mein Leben: «Es ist bezahlt!» Können wir das fassen? Können wir das heute annehmen?

Ich erkenne mich selber

Der Angeklagte im Gleichnis will alles Geschuldete selber zurückzahlen. Er meint, dass er das kann. Er will alles selber verantworten, will zahlen für das, was er verursacht hat. Was für eine Illusion! Setze dich einmal eine Stunde vor den Bildschirm und google «Gletscherschwund», und du wirst schockiert sein, wie unsere Schöpfung aus dem Gleichgewicht gerät. Surfe eine weitere Stunde zum Stichwort

«Welthunger», und achte darauf, ob du cool bleiben kannst. Recherchiere, wohin im bevorstehenden Winter Öl und Gas geliefert werden und wohin nicht! Wir haben «Glück gehabt», aber es ist ungerecht, wenn wir hemdsärmelig in unseren Büros arbeiten, während andere frieren. Bevor wir am Morgen aus dem Bett steigen, sind wir längst Teil eines mörderischen, ungerechten Systems. Ganz abgesehen von dem, was wir persönlich auf dem Kerbholz haben.

«Ich bezahle dir alles», ist wohl der dümmste Satz vor dem König, der dümmste Satz, den der Mensch aussprechen kann. Sind wir fähig, in den Spiegel zu sehen, den das Gleichnis uns vorhält? Sind wir fähig, den Schock auszuhalten? So sind wir! Und der gleiche Mensch geht dann raus und würgt einen anderen.

Jesus provoziert eine Herztransplantation

Jesus provoziert eine Herztransplantation in dir und mir. Wenn ich dem König begegne, kann mein Herz nicht so bleiben, wie es ist. Denn wir sind nachtragend. Wir haben offene Rechnungen. Wir hüten sie in unserem Gedächtnis, halten sie bereit, bis wir sie präsentieren. Wir würgen in Gedanken. Wir sind zwar nette Menschen, aber wenn der Sohn zum siebten Mal schon wieder …, und wenn die Ehefrau zum 77. Mal schon wieder …, und wenn der Arbeitskollege schon wieder … In der Nacht zahlen wir in Gedanken heim. Oder wir machen es auf die vornehme Tour und beteuern: «Ich wurde so verletzt, darum habe ich jetzt das Recht, nicht zu vergeben.»

Ich brauche aber ein Herz, das fähig ist zu vergeben. Entweder ich vergebe – oder mein Christenleben ist «Bullshit». Die Geschichte redet vom Wechsel in mir. Stein-Herz raus, vergebendes Herz rein. Den König kennen und trotzdem nicht vergeben, ist keine Option. Wir können nur auf die Knie gehen und bitten: «Heiliger Geist, mach mein Herz neu!» Vergeben oder Bullshit.

Glaube ist nicht eine Doktrin, die ich für wahr halte – und folglich lande ich im Himmel. Glaube hat mit meinem Herzen zu tun. Entweder werde ich fähig zu vergeben oder mein Leben ist Bullshit. So praktisch ist das mit unserem Glauben. Und dabei weiss Gott um alle Tränen, wie es uns schwerfällt, wie ungerecht man mit uns umgegangen ist, wie man uns gemobbt hat, bis aufs Blut geplagt hat und immer noch tut. Aber alle meine Tränen sind auch Gottes Tränen. Gott leidet mit. Jesus reicht mir vom Kreuz her seine Kraft der Vergebung. Jesus fordert nicht ein, dass ich sofort vergebe. Aber Jesus führt mich in einen Prozess, in dem ich fähig werde zu vergeben.

Jesus zeigt den offenen Himmel

Im Himmel gibt es kein Nachtragen, kein Hinterhertragen von Schuld. Im Himmel geht alles zuerst durch das Nadelöhr der Vergebung. Der König vergibt. Das Lamm, das geschlachtet ist, steht vor dem Thron. Im Himmel ist der Teufelskreis der Schuldzuweisungen durchbrochen. So schmeckt Himmel.

Jesus leistet es sich, kein Happy End zu erzählen. Das macht seine Geschichte so real. Der Himmel ist offen. Es ist Platz im Himmel, wenn ich vergebe. Es gibt Platz für dich im Himmel, wenn du vergibst.

Ich erinnere dich an das Unser-Vater-Gebet: «*Dein Wille geschehe, wie im Himmel so auf Erden.*» Gott vergibt im Himmel. Und wir sollen die himmlische Vergebung auf die Erde herabziehen, hier auf der Erde vergeben – wie der König im Himmel. «*Vergib uns unsere Schuld, wie auch wir vergeben unseren Schuldnern.*» Vergeben ist nicht in unser Belieben gestellt. Darum können wir nur schreien: «Komm Heiliger Geist, mach es in mir!»

Was sind lebendige Steine?

Darum legt alle Bosheit und allen Betrug ab, alle Heuchelei, allen Neid und alle Verleumdung! Genauso, wie ein neugeborenes Kind auf Muttermilch begierig ist, sollt ihr auf Gottes Wort begierig sein, auf diese unverfälschte Milch, durch die ihr heranwachst, bis das Ziel, eure endgültige Rettung, erreicht ist. [...] Kommt zu ihm! Er ist jener lebendige Stein, den die Menschen für unbrauchbar erklärten, aber den Gott selbst ausgewählt hat und der in seinen Augen von unschätzbarem Wert ist. Lasst euch selbst als lebendige Steine in das Haus einfügen, das von Gott erbaut wird und von seinem Geist erfüllt ist.

Gott sagt ja in der Schrift: «Seht, ich verwende für das Fundament auf dem Zionsberg einen Grundstein von unschätzbarem Wert, den ich selbst ausgewählt habe. Wer ihm vertraut, wird vor dem Verderben bewahrt werden.» [...] Ihr seid das von Gott erwählte Volk; ihr seid eine königliche Priesterschaft, eine heilige Nation, ein Volk, das ihm allein gehört und den Auftrag hat, seine grossen Taten zu

verkünden – die Taten dessen, der euch aus der Finsternis in sein wunderbares Licht gerufen hat.
1. Petrus 2,1–2.4–6.9

Ich möchte anhand eines Steins über Jesus reden. Ein Stein ist fest, hat Konturen, ist weder biegbar noch dehnbar, steht für Klarheit. In Jesus begegnen uns klare Konturen. Wenn wir ihn kennenlernen, wird etwas klar und wahr.

Lebendiger Stein

Es gibt nichts, was so tot ist wie ein Stein. Hast du schon einmal einen lebendigen Stein gesehen? Brodelnde Lava vielleicht. Aber trotz der Hitze und der unberechenbaren Bewegung ist Lava noch lange nicht lebendig.

Jesus wird als lebendiger Stein bezeichnet. Das irritiert, weil es das gar nicht gibt. In Jesus begegnet uns das Unmögliche: tot und doch lebendig. Das kann einen Schock auslösen. Das könnte ein Witz sein. Jesus ist tatsächlich der unmöglich Mögliche, der Unlogische. Wie jeder Mensch wurde Jesus von einer Mutter geboren, 33-jährig wurde er gekreuzigt und ist gestorben. Und dann ist er doch präsent in der gesamten Weltgeschichte wie kein anderer. Jesus hat seine Zeitgenossen regelrecht verärgert, wenn er behauptete: «Ich war bevor Abraham war – und ich werde noch sein, wenn der ganze Kosmos zusammengerollt wird wie ein altes Stück Tapete.»

Eckstein

Dieser merkwürdige Stein stammt nicht aus den Steinbrüchen dieser Welt. Gleich einem Meteor wurde er aus einer fernen anderen Welt in diese Zeit und Welt hereinkatapultiert. Hier sollte er Eckstein werden, wie es schon im Alten Testament verheissen ist: *«Einen ausgewählten, kostbaren Grundstein werde ich in Jerusalem legen. Wer auf ihn baut und ihm vertraut, steht fest und sicher»* (Vers 6).

Auf dem Lebensprogramm von Jesus Christus steht, dass er tragendes Fundament werden wird für die neue Welt – mit uns als neuen Menschen. Jesus hat etwas initiiert, das viele Zeitgenossen im Auf und Ab und in den Kriegswirren unserer Welt noch gar nicht realisieren. Es geht nicht um Putin oder EU, es geht nicht um IS oder Assad, es geht nicht um Dollar oder Franken. Die Weichen werden anderswo gestellt.

Dieser Meteor aus der anderen Welt ist bei uns Menschen höchst umstritten. Viele wollen diesen Eckstein nicht. Es heisst von ihm, dass er von den Menschen verworfen werde. Wir sehen den Schatten des Kreuzes, der hinter diesem Bild vom verworfenen Eckstein auftaucht. Und wir sehen den Verworfenen, den Gekreuzigten – von den Menschen verworfen, aber von Gott auserwählt und als kostbar bezeichnet.

Die Bauleute und Gestalter dieser Welt zerschlagen und verwerfen ihn. Der grosse Baumeister, Gott selber, hat ihn zum tragenden Fundament gemacht für das Leben von veränderten Menschen. Der grosse Baumeister hat ihn zum Eckstein bestimmt für die neue Welt, für sein kommendes Reich. «*Jesus nahm menschliche Gestalt an und wurde wie jeder andere Mensch geboren. Er erniedrigte sich selbst und war Gott gehorsam bis zum Tod, ja, bis zum Tod am Kreuz. Darum hat ihn Gott erhöht und ihm den Namen gegeben, der über allen Namen steht. Vor dem Namen Jesus werden sich beugen alle Knie*» (Philipper 2,7–10).

Dieser Stein ist lebendig und fest. Lebendig, weil der Tod ihn nicht im Grab halten konnte. Die grösste Katastrophe für Jesu Gegner ist, dass er trotz Kreuzigung nicht erledigt ist.

Unsere Beziehung zu ihm ist nicht das fromme Sahnehäubchen auf unserem Leben. Unsere Beziehung zu Jesus ist das Fundament unseres Denkens und Handelns. Wer sich mit Jesus auseinandersetzt, dem begegnet pulsierende Liebe. Nicht sture Wahrheit, sondern ungeschminkte Klarheit.

Zutritt erlaubt

«*Zu diesem Stein dürft ihr kommen*» (Vers 4). In der Begegnung mit dem lebendigen Stein, mit dem lebendigen Christus, kommt es zu einer Lebensveränderung. An diesem Stein werden unsere eigenen Konturen geschliffen.

Wir können nicht zu dem lebendigen Stein kommen, ohne konkrete Schritte zu tun. Hast du es gewagt, Jesus zu suchen, ihm zu begegnen? Den Unmöglichen, Unlogischen in deinem Verstand zuzulassen? Bist du offen für seine Unlogik? Hast du ihm schon gedankt für die unlogische, versöhnende Kraft seines Blutes? Hast du angenommen, was er am Kreuz für dich erkämpft hat? Hast du in der Begegnung mit Jesus standgehalten?

Die Täuflinge in der ersten Zeit der Kirche bezeugten: «Ich entsage den Mächten der Finsternis und übergebe mein Leben dir, Jesus Christus, für Zeit und Ewigkeit.» Damit wurden die Täuflinge nicht zu Marionetten, sondern aus Rebellen wurden Partnerinnen und Partner Gottes. Das alles heisst «kommen». Es gibt keine Lebensveränderung ohne solche Schritte des Kommens.

Die Bibel vergleicht uns auch mit Neugeborenen. Wie neugeborene Babys nach Milch schreien, so verlangen Christen nach dem Wort (Vers 2). Wir wollen unbedingt das Wort Gottes hören. Wir wollen unbedingt diese klaren und verlässlichen und lebensspendenden und lebensorientierenden Worte von Jesus in uns aufnehmen, umsetzen, verstoffwechseln. «*Du hast Worte des ewigen Lebens. Wohin sollen wir sonst gehen?*», sagt Petrus zu Jesus (Johannes 6,68). Die Bibel beschreibt, dass wir durch das Wort wachsen als Christinnen und Christen, dass wir stark werden, Konturen bekommen, fest werden in unseren Werten und Überzeugungen sowie in unserer Liebe zu Gott und den Mitmenschen.

Wer zum lebendigen Stein gekommen ist, wird selber ein lebendiger Stein. Da färbt etwas von Jesus auf uns ab.

Da wird auch in uns etwas fest und klar. Da werden wir aufgeweckt mitten in dem täglichen Krimskrams, der uns Tag und Nacht in Schach halten will. Da beschränken sich unsere Augen nicht mehr auf die TV-Märchen. Da schnuppern unsere Nasen die Morgenluft des Reiches Gottes. Da werden wir selber noch einmal lebendig.

Geistliche Häuser

«Lasst euch als lebendige Steine zu einem Haus aufbauen, das Gott gehört» (Vers 5). Wir sehen in diesem Vers die Absicht des göttlichen Baumeisters. Er will nicht nur Steine haben, auch nicht einfach nur lebendige Steine. Er will Häuser – Häuser, in denen er mit seinem Geist, mit seiner Klarheit und Liebe wohnen kann. Geistliche Häuser aus lebendigen Steinen erbaut und fest gegründet auf dem einen verworfenen und doch von Gott auserwählten Eckstein, auf dem tragenden Grund Jesus Christus.

Was für merkwürdige Häuser aus lebendigen Steinen sind das! Sie geben Zeugnis vom Werden und Wachsen lebendiger Gemeinden, vom Reich Gottes mitten unter uns. Da wird geboren, ermutigt und getröstet. Wir können die geistlichen Häuser nicht selber erbauen, aber wir können uns einbauen lassen. Spüren wir in unseren Hauskreisen etwas von diesen geistlichen Häusern?

Wir bekommen gerade praktischen Anschauungsunterricht durch eine neu gegründete «Missional Community». Eine Handvoll junger Christinnen und Christen aus unserer Gemeinde ist gemeinsam in ein anderes Quartier ausgezogen, um dort miteinander als geistliches Haus zu leben. Dort wollen sie Salz und Licht sein. Dort wollen sie die Liebe und Klarheit des Evangeliums ausleben und bezeugen. Es sind geistliche Kinder unserer Gemeinde, die der lebendige Stein selber zum Leben erweckt hat. Wir haben sie einige Jahre gefüttert und gefördert, doch jetzt sitzen sie nicht mehr bei ihren geistlichen Eltern ein. Sie sind mündig geworden und ziehen aus, um den Samen des Evangeliums weiterzutragen über die Quartiergrenzen in die Stadt hinein.

Es gibt aber auch Steine, die zwar zum Leben erweckt wurden, aber allein bleiben und sich nicht einbauen lassen. Diese fallen oft zurück in ihr altes Leben. Das ist die andere Wahrheit.

Gottes Taten verkünden

«*Ihr sollt die grossen Taten Gottes verkünden*» (Vers 9). Lebendige Steine erfüllen keinen Selbstzweck. Auch geistliche Häuser erfüllen keinen Selbstzweck im Sinn von «Wow, haben wir es warm und gemütlich!» Nein, wir sollen die Taten Gottes verkünden, der uns aus der Finsternis befreit und in sein wunderbares Licht geführt hat.

«*Legt ab alle Bosheit und allen Betrug, alle Heuchelei, Neid, Verleumdung*» (Vers 1). Es ist hilfreich, wenn wir mitten in unserer reformierten Landeskirche davon reden, wie das ganz praktisch zugeht, wenn Steine lebendig werden. Es ist nicht getan mit dem Hören von vielen ach so ansprechenden Predigten. Der erste Schritt zu einem lebendigen Stein ist Beichte. Zum Beichten müssen wir nicht in ein dunkles Häuschen klettern. Da gehen wir auf die Knie mit einem Menschen, dem wir vertrauen, und bekennen Gott offen und ehrlich, was nicht stimmt in unserem Leben.

Unser Stein muss geschliffen werden

Und jeder Schritt dahin, noch lebendiger zu werden, beinhaltet Umkehr. So ist das einfach im Reich Gottes. So entsteht Klarheit darüber, was nicht übereinstimmt mit den Massstäben Gottes, wie sie Jesus in seiner Bergpredigt dargelegt hat. Ich bekenne vor Gott, wo es bei mir klemmt. Dann höre ich die zugesprochenen Worte der Vergebung. Dann entstehen Entlastung und klare Luft und Freude. Dann kommt der Geist Gottes und kann uns in diesem Lebensbereich neu führen. So wird unser Stein zur Ehre Gottes geschliffen. So werden wir als Stein lebendiger.

Wir reden davon, dass es in unserem Leben das Vorher und das Nachher gibt. Vorher haben wir auf trügerische Hoffnungen gesetzt und waren hoffnungslos – jetzt sind wir auferweckt zu einer Beziehung zum Eckstein Jesus und sind hoffnungsvoll. Jede und jeder hat ihre bzw. seine eigene faszinierende Geschichte. Und diese Geschichten sollen erzählt werden!

Vorher untertan, in Gewohnheiten verstrickt, vielleicht süchtig, unter Mächten – jetzt auferweckt, frei, bereit, um Jesus und unseren Mitmenschen zu dienen. Vorher allein, vielleicht einsam oder in schlechter Gesellschaft – jetzt Teil des Volkes Gottes, gerettet aus allen erdenklichen Nationen, mit Afrikanern, Asiaten, Türken, Bosniern, Ukrainern und Syrern etc. unterwegs im Reich Gottes. Vorher mit einem vagen «Maybe»-Glauben – jetzt in Jesus verankert, dem tragenden Fundament, ob es nun ums Leben oder ums Sterben geht.

Der 1. Petrusbrief ermutigt uns zu grosser Klarheit und grosser Liebe. Es ist unser Privileg, lebendige Steine zu sein. Es ist unser Privileg, nicht mehr oder weniger religiös zu sein, sondern in eine ureigene Beziehung zum grossen, lebendigen Stein zu treten und darin zu wachsen. Es ist unser Privileg, Gottes grosses Herz und grosse Klarheit in unserer Umgebung zu spiegeln. Dazu helfe uns der lebendige Stein Jesus Christus!

Leitungsstil im Reich Gottes

Jetzt noch ein Wort an die Gemeindeältesten unter euch. Ich bin ja selbst ein Ältester und bin ein Zeuge der Leiden, die Christus auf sich genommen hat, habe aber auch Anteil an der Herrlichkeit, die bei seiner Wiederkunft sichtbar werden wird. Deshalb bitte ich euch eindringlich: Sorgt für die Gemeinde Gottes, die euch anvertraut ist, wie ein Hirte für seine Herde. Seht in der Verantwortung, die ihr für sie habt, nicht eine lästige Pflicht, sondern nehmt sie bereitwillig wahr als einen Auftrag, den Gott euch gegeben hat. Seid nicht darauf aus, euch zu bereichern, sondern übt euren Dienst mit selbstloser Hingabe aus. [...] Entsprechend bitte ich die Jüngeren unter euch: Ordnet euch den Ältesten unter! Und für euch alle gilt: Geht zuvorkommend miteinander um; kleidet euch in Bescheidenheit! Nicht umsonst heisst es in der Schrift: «Den Hochmütigen stellt sich Gott entgegen, aber den Demütigen lässt er seine Gnade erfahren.»

1. Petrus 5,1–2.5

Der Apostel Petrus hat einen längeren Brief geschrieben, vielleicht diktiert. Er hat den Gemeinden in der Region Kleinasien Mut zugesprochen, weil sich eine Christenverfolgung anbahnte. Petrus hat bereits über das neue Leben mit Christus geschrieben, über das Leben als Staatsbürgerinnen und Staatsbürger, über das Leiden. Vor dem Abschluss des Briefes will er noch über den Leitungsstil in christlichen Gemeinden schreiben.

Petrus erinnert sich

Wie schreibt Petrus über dieses brisante Thema? Er erinnert sich. In der Erinnerung war und ist Petrus «*Zeuge der Leiden von Jesus*» (Vers 1). Petrus denkt zurück an jenen Abend, als er für Jesus und die Jünger das Obergemach vorbereitet hat. Alles war fertig für das Passah-Mahl: Essen und Getränke, Becher und Lieder. Alle hatten sich niedergelassen, waren auf die Polster gesunken. Nur der Sklave fehlte, der allen die Füsse waschen würde. Petrus war nicht der Jüngste; eigentlich müsste Johannes jetzt aufstehen und diesen Dienst verrichten. Aber der bewegt sich nicht. Da steht Jesus selber auf, umgürtet sich mit einem Schurz und beginnt, allen die Füsse zu waschen. Eiserne Stille, schamrote Köpfe. Jesus macht seine Runde, kniet vor jedem Jünger. Auch Petrus kommt an die Reihe.

So erinnert sich Petrus und schreibt darum zum Thema Leitung: «*Umgürtet euch mit Demut gegeneinander*»

(Vers 5). So hat er es bei Jesus beobachtet. Als Petrus sich zunächst gegen Jesu Fusswaschung wehrt, antwortet ihm dieser: «Ich muss dir nicht die Füsse waschen, aber ich tue es gern für dich!» Darum schreibt jetzt Petrus in seinem Brief: Leitung funktioniert «*nicht mit Zwang, sondern freiwillig*» (Vers 2). Leitung darf nichts mit Manipulation zu tun haben, sondern Leitung ist ehrliche Hingabe, so wie Jesus vor seinen Jüngern kniet.

Als alle Füsse gewaschen sind, gesellt sich Jesus wieder zu ihnen auf die Polster und sagt: «Ihr nennt mich Meister, zu Recht tut ihr das. Wenn ich euch die Füsse gewaschen habe, dann ist das künftig das Muster für Leitung. Ein Vorbild habe ich euch gegeben. Und vergesst nicht: So will es Gott!» (vgl. Johannes 13,13–15). Ja, so *ist* Gott!

In der folgenden Nacht ist Petrus weiterhin Zeuge der Leiden Christi. Während sich Petrus noch vor dem Hahnenschrei in die Freiheit windet, verschenkt Jesus seine Freiheit, seine Würde, wird gegeisselt, vor den Statthalter und die Mächtigen gestossen, gekreuzigt.

Tage später – Petrus erinnert sich – erscheint ihm der auferstandene Christus. Petrus sieht die Wundmale, aber er sieht auch den Glanz des Auferstandenen: auferweckt, hat Tod und Leiden überwunden, der Erste der neuen Schöpfung. Jesus holt den sich schämenden Petrus wieder zu sich mit seinem liebevollen «Du liebst mich doch».

In der Rückschau auf die Begegnung mit dem auferstandenen Christus gibt sich Petrus die Bezeichnung: «*Genosse der Herrlichkeit Christi*» (Vers 1). Er ist einerseits

Martys, Zeuge der Leiden (Vers 1), denn es hat ihm längst gedämmert, dass Jesus auch für ihn gelitten hat. Und nun ist er darüber hinaus *Koinonos*, Genosse der Herrlichkeit Christi. Petrus weiss seither: Ich bin nicht vor Fehlern gefeit, bin nicht ein Held, aber ich bin gerufen, ich gehöre zu diesem Christus. Es ist etwas Unwiderrufliches an mir geschehen. Wann immer es um Leitung geht – Christus ist mein Vorbild. Ich, Petrus, bin gemustert und geprägt. Leiten heisst dienen. Aus dieser prägenden Erinnerung fasst Petrus seine Anmerkungen zum Thema Leiterschaft zusammen. Petrus sucht ein Bild, einen Hintergrund, vor dem er erklären kann, wie Leitung einer Gemeinde aussieht. Petrus erfindet das Bild nicht, er leiht sich das Bild bei Jesus aus – die Schafherde.

Der Eigentümer

Bei jeder Schafherde ist klar: Sie hat immer einen Eigentümer. Darum sagt Petrus «*Herde Gottes*» (Vers 2). Gott ist Eigentümer. Gemeinde ist also keine menschliche Gründung, kein Zweckverband, keine Interessengemeinschaft, nicht Herde eines Pfarrers, sondern Gottes Herde. Gott hat sie ins Dasein gerufen. Er will Gemeinde. Ihm gehört sie. Er erhält sie. Er fügt Menschen hinzu. Er hat dich und mich erkauft. Er hat dich und mich gerufen. Er hat für jede und jeden von uns den Preis bezahlt. Auch du und ich sind sein Eigentum.

Jede Schafherde braucht einen Hirten, der sie leitet und führt. Gemeinde ist also nichts Selbstständiges. Sie ist abhängig von Leitung. Gott weiss, was die Herde braucht, er bestimmt Weg und Ziel. Ob wir um diese Abhängigkeit wissen? Ob wir unsere vermeintliche Freiheit schon drangegeben haben? Ob wir unsere Unabhängigkeit schon eingetauscht haben gegen die Abhängigkeit von Christus? Ob wir es schon über unsere Lippen gebracht haben: «Christus ist mein Herr!»? Ob unser Herz es schon gecheckt hat? Ob wir schon bereit sind, uns einzuordnen? «Glaube ist der Entschluss, die Abhängigkeit von Gott als Glück zu bezeichnen», sagt Hermann Bezzel.

Herde sein

Ein Einzelner ist keine Herde. Herde ist immer Mehrzahl, aber sie steht zusammen. Im Augenblick der Gefahr rückt die Herde zusammen, Rücken an Rücken, Seite an Seite aneinandergepresst. Dagegen steht unser fataler Hang zum Individualismus: Das schaff ich doch allein! Schafherde bedeutet: Über alle Unterschiede hinweg gehören wir zusammen.

Handlanger des Oberhirten

Es fällt auf, dass Petrus von «Ältesten» spricht, er nennt sie nicht Hirten. Sie sind eher Hirtengehilfen, Handlanger des

Oberhirten. Auch sie schauen auf den Hirten. Auch sie leben davon, dass er sie führt und leitet. Auch Älteste sind abhängig vom Hirten.

Den Ältesten ist für bestimmte Teile der Herde besondere Verantwortung anvertraut. Sie sollen Nahrung anweisen, dazu hinführen. Sie sollen warnen, nicht selber schützen – das besorgt der Hirte. Darum werden Leitende gefragt: Weisst du um die rechte Nahrung? Führst du dorthin und nirgends anders? Warnst du bei Gefahr? Hast du offene Augen, ohne Furcht und Feigheit? Hast du Zeit und Liebe und Freundlichkeit und Geduld? Kannst du fördern? Und immer wieder: Kannst du dienen?

Ein Wort für alle Generationen

Petrus weiss: Jede Generation hat besondere Gaben und Aufgaben, für jede Generation gibt es besondere Chancen und Gefahren. Darum schreibt auch der Apostel Johannes an die Kinder, dann an die Väter, dann an die jungen Männer. Die jüngeren Männer und Frauen sollen in der Gemeinde nicht warten müssen, bis die Alten weggestorben sind. Sie sollen hineinwachsen ins Leiten. Die Älteren sollen den Jüngeren dienen, nicht über sie herrschen. Beim Dienen wird sichtbar, was gute Leiterschaft ist, und der Funke springt über. Jüngere lassen sich hineinnehmen in das Muster des Dienens. Die Älteren sind transparent auf Jesus hin. So entsteht Atmosphäre!

Petrus hat kein Extra-Schreiben an Leitende verfasst. Leitung ist öffentliches Thema. Da wird das Potenzial des Nachwuchses gesichtet. Wer kann dienend Mitverantwortung übernehmen? Leiten muss niemand können, aber wir können hineinwachsen.

Darum schreibt Petrus an den Nachwuchs: «Ordnet euch ein, lasst euch leiten!» (vgl. Vers 5). Dabei geht es nicht um blinden Gehorsam. Das Reich Gottes kennt allerdings klare Strukturen. Wir lesen in der Schrift beispielsweise von himmlischen Heerscharen. Heerscharen werden geleitet, da gibt es Befehle, Einordnung. Auch Gemeinden sind darum als irdische Abbilder des Reiches Gottes nicht wilde, unkoordinierte Saubannerzüge. Strukturen und Organigramme sind sinnvoll. Klare Leitungsentscheide und Verbindlichkeiten gehören dazu. Darum empfiehlt Petrus den jüngeren Gemeindegliedern: «Erspürt, was gute, dienende Leitung ist. Lernt Vertrauen und betet für eure Leiterinnen und Leiter.»

«*Umg*ürtet euch mit Demut gegeneinander», das erinnert an jene Schürze, die sich Jesus selber umgebunden hat. Besser als alle Fertigkeiten, besser als jede Predigtgabe ist die dienende Haltung. Leitende sind Gehilfen zur Freude. Sie fördern.

Der Herr lässt sein Angesicht leuchten über dir

Wenn Menschen leiden, ist das, wie wenn Gold in der Hitze geläutert wird. Die Schlacke wird verbrannt. Menschen, die mit Christus Schweres durchgestanden haben, deren Zeugnis leuchtet. Wir sehen das bei Jesus selber. Sein Leiden bestätigt ihn und bringt ihn zum Leuchten. «*Er war gehorsam bis zum Tod am Kreuz, darum hat Gott ihn erhöht*» (Philipper 2,8b–9a).

Unsere orthodoxen Geschwister haben deshalb um den Kopf von Jesus einen Nimbus, den Strahlenkranz oder Heiligenschein, gemalt. Weil er gelitten hat, leuchtet Christus – wie Gold, welches im Feuer geläutert wurde. Nun sagt dieser Christus zu dir und mir: «Erschrick nicht, wenn Schlimmes geschieht! Geh mit mir hindurch! Du bist ein *Martys*, ein Zeuge der Leiden. Aber du bist jetzt auch schon mein *Koinonos*, mein Genosse der kommenden Herrlichkeit.»

Im Unser Vater beten wir: «*Denn dein ist das Reich und die Kraft und die Herrlichkeit.*» Herrlichkeit kann mit Glanz übersetzt werden. Das bedeutet, wir werden Genossen, wir werden hineingenommen in den Glanz von Christus. Der Schlüssel zu diesem Glanz ist – bei Jesus wie auch bei uns – das Dienen. Je mehr wir dienen, umso mehr gleichen wir ihm.

«*Sei getreu bis in den Tod, so will ich dir die Krone des Lebens – den glänzenden Siegeskranz – geben*» (Offenbarung 2,10). Wir denken dabei insbesondere an unsere verfolgten und leidenden Geschwister. Wenn am Ende der Oberhirte erscheinen wird, dann teilt er definitiv seinen Glanz mit uns. Den Demütigen, den Dienenden gibt Gott Gnade. Als Leitende nehmen wir Mass an Christus, der uns dient.

Der fünffältige Dienst: Apostel, Propheten, Lehrer, Hirten und Evangelisten – und mein Strickmuster

Er ist es nun auch, der der Gemeinde Gaben geschenkt hat: Er hat ihr die Apostel gegeben, die Propheten, die Evangelisten, die Hirten und Lehrer. Sie haben die Aufgabe, diejenigen, die zu Gottes heiligem Volk gehören, für ihren Dienst auszurüsten, damit die Gemeinde, der Leib von Christus, aufgebaut wird. Das soll dazu führen, dass wir alle in unserem Glauben und in unserer Kenntnis von Gottes Sohn zur vollen Einheit gelangen und dass wir eine Reife erreichen, deren Massstab Christus selbst ist in seiner ganzen Fülle.

Epheser 4,11–13

Die Gemeinde in Ephesus war stark gewachsen. Paulus gelangte in diesem Aufbruch der Gemeinde zu einem umfassenden Verständnis der verschiedenen Dienste und Gaben. Jens Kaldewey hat in seinem Buch «Die starke Hand Gottes» (C & P Verlags-GmbH, 2001) den fünffältigen Dienst wie eine Hand beschrieben. Der Apostel als Daumen steht den vier anderen Diensten gegenüber. Bei meinen Ausführungen zu diesem Thema habe ich mich von diesem ausgezeichneten Buch inspirieren lassen.

Jesus – der Schlüssel zu allen Diensten

Die Sache mit dem fünffältigen Dienst ist ganz einfach. Jesus vereint alle diese Dienste in sich. Er hat sie ausgelebt, hat ihnen Form und Kraft gegeben, hat uns demonstriert, was ein Apostel, ein Prophet, ein Lehrer, ein Hirte, ein Evangelist ist. Heute ist das Haupt Jesus unsichtbar. Aber er legt Teile von sich selber, seine Dienste an uns in einzelne Menschen hinein. Wenn du dich von Jesus gebrauchen und formen lässt, dann wächst in dir etwas von einem Apostel, einem Propheten, einem Lehrer, einem Hirten, einem Evangelisten. Alles kommt von Jesus. Er teilt aus und teilt zu. Wir wären überfordert, wenn wir alles sein müssten. Darum teilt uns Jesus ein Stück zu und fordert uns zur Teamarbeit heraus. Wir brauchen und ergänzen einander.

Ein praktisches Beispiel: Paulus, einer der Apostel, und Silas, ein Prophet, waren in Philippi ins Gefängnis geworfen worden. Zuerst war alles gut gegangen. Als erste Europäerin hatte Lydia zum Glauben gefunden. Dann entstand ein Volksaufstand und sie landeten im Gefängnis. Man setzte ihnen gar die Füsse in den Block. Auch Aposteln und Propheten tut das weh. Aber ihre Perspektive ist der Himmel. Sie sind überzeugt: Das kann's doch nicht gewesen sein. Da kommt von Gott noch mehr! Und darum richten sie ihre Gedanken und Gebete in dieser Situation auf den Himmel: «Gott, jetzt loben wir dich im Voraus, weil du die Sache im Griff hast. Mach weiter, zieh die Sache durch!» Paulus und Silas loben Gott laut, weil sie glauben, dass Gott ihre Mission segnet. Die anderen Gefangenen hören zu.

Und ich stelle mir vor, wie die Engel schon mal ihre grossen Hände an die Gefängnismauern legen ... Der Vater im Himmel ist so gerührt wegen der Treue der beiden Sänger da unten im inneren Kerker. Gott weint vor Freude. Und dann um Mitternacht sagt er: «Jetzt haben die Gefangenen gehört, wer ich bin! Jetzt, ihr Engel, rüttelt mal ein bisschen an diesen Mauern!» Dann kracht es und staubt und alle Türen stehen offen.

Aber Apostel und Prophet denken nicht daran, abzuhauen und sich selber zu retten. Nun wird über dem Kerkermeister prophezeiht: *«Glaube an den Herrn Jesus, und du und dein Haus werden gerettet»* (Apostelgeschichte 16,31). So ticken Apostel und Propheten!

Der Dienst des Apostels

Jesus ist *der* Apostel, der Gesandte Gottes. Jesus teilt dem Apostel folgende Aufgabe zu: Er schaut in den Himmel. Ihn kümmert: Was hat Gott auf dem Herzen? Was im Himmel geschieht, will der Apostel auf der Erde freisetzen. *«Wie im Himmel, so auf Erden»*. Er demonstriert das Reich Gottes. Zuerst kommt die himmlische Perspektive, und diese beeinflusst dann die menschliche Blickrichtung. Der Apostel sehnt sich nach dem Himmel, aber ihm geht es nicht darum, wie er schnurstracks und unbeschädigt dort ankommen, sondern wie er den Himmel auf die Erde ziehen kann. Gottes Gegenwart, Anbetung, die Agenda des Himmels sind die Top-Themen eines Apostels. Es gilt, die Werke des Teufels zu zerstören und Freude im Heiligen Geist freizusetzen. Die Menschen müssen den Gott, der sie liebt, kennenlernen. Der Apostel hat Generationen im Auge. Um ihn herum ist eine aufregende Atmosphäre: Zeichen und Wunder geschehen.

Der Apostel pflanzt. Darum ist er Schlüsselperson. So lesen wir in Matthäus 16,19, dass Petrus aufschliesst. Wo ein Apostel ist, da werden die Pläne Gottes umgesetzt. Der Apostel ist ein «Gesandter Gottes» (siehe Apostelgeschichte 13,1–4), ausgesandt zum missionarischen Dienst.

Der Apostel ist dafür verantwortlich, dass die Grundsätze unseres Glaubens von Anfang an richtig instruiert werden. In den Gemeinden in Galatien war Paulus herausgefordert. Er hatte gepredigt, dass die Galater durch den

Glauben an Jesus gerettet werden. Nachdem Paulus weitergereist war, kam Gesetzlichkeit auf. Es hiess, man müsse sich an genaue Vorschriften und jüdische Gesetze halten. Der Apostel musste mit seinem Brief für die richtige Grundlage, die Gnade, kämpfen.

Der Apostel ist mobil. Sein Ziel ist es, sich überflüssig zu machen. Der Apostel zieht weiter und erschliesst neue Felder.

Der Apostel bringt Leiter hervor – wie beispielsweise Paulus den Timotheus und Titus –, er schult sie und sendet sie aus.

Der Apostel arbeitet im Team; er braucht alle anderen Dienste. Beim Apostelamt geht es nicht um Hierarchie, auch nicht um eine Machtposition. Paulus schreibt im 1. Korintherbrief 4,9–13: «*Wir Apostel sind zum Abfalleimer geworden.*» Der Apostel dient wie Jesus.

Der Dienst des Propheten

«*Die Gemeinde wird aufgebaut auf dem Grund der Apostel und Propheten*», heisst es in Epheser 2,20. Zum Apostel kommt der Prophet als grundlegende Ergänzung dazu. Das Evangelium ist uns zwar schriftlich überliefert, es soll aber in jedem Menschen zur Realität werden, also greifbar werden. Der Prophet ruft diese Realität hervor.

Der Prophet spürt das Herz Gottes: die Sehnsucht, den Zorn, die Eifersucht, den Schmerz, die Freude Gottes.

Wenn er das mitteilt, werden Leute berührt. Der Prophet sieht mit seinen inneren Augen, wo Gemeinden ihre Stärken und wo sie ihre Schwächen haben (Offenbarung 2–3). Der Prophet sieht auch in das Herz von Menschen. Jesus erblickt den Nathanael und sagt: *«Ein wahrer Israelit, in dem kein Trug ist»* (Johannes 1,47).

Der Prophet weckt Glauben und Hoffnung. Propheten nähren in uns die Erwartung, dass Gott handelt. Propheten rüsten uns aus, eigene Erlebnisse mit dem Himmel zu machen. Im Unterschied zum Alten Testament ist der Prophet im Neuen Testament kein Einzelkämpfer mehr. Darum steht geschrieben: *«Prüfet alles, das Gute behaltet!»* (1. Thessalonicher 5,21). Auch der Prophet arbeitet im Team.

Der Apostel nimmt die grossen Zusammenhänge wahr. Er hat die Übersicht. Der Prophet dagegen sieht in die Tiefe.

Der Dienst des Lehrers

«Apollos, aus Alexandria gebürtig, ein beredter Mann, der mächtig war in den Schriften, kam nach Ephesus. Dieser war im Weg des Herrn unterwiesen, und, brennend im Geist, redete und lehrte er sorgfältig die Dinge von Jesus» (Apostelgeschichte 18,24–25).

Der Lehrer liebt die Schrift. Er will biblische Wahrheiten klar, fundiert und theologisch einwandfrei darlegen.

Der Lehrer will beweisen, logisch begründen. Er hat Argumente. Und er will auch recht haben.

Wo klar und verständlich gelehrt wird, da entsteht Stabilität. Menschen reifen im Glauben. Der Lehrer lehrt uns, im Glauben festzustehen.

Jesus lehrte mit Autorität. Er demonstrierte zuerst, wie das Reich Gottes funktioniert, indem er beispielsweise Menschen heilte. Dann gab er eine Erklärung, das heisst, er lehrte über das Reich Gottes.

Der Dienst des Hirten

Das Herz des Hirten ist auf die Menschen ausgerichtet. Er lässt uns spüren: Du bist ein geliebter Sohn, eine geliebte Tochter Gottes. Der Hirte will, dass die ihm Anvertrauten gesund und stark sind. Im Alten Testament finden wir das treffende Vorbild für den Hirten: Aaron soll die Namen der zwölf Stämme Israels auf seinen Schultern tragen vor dem Herrn zum Gedenken (siehe 2. Mose 28,12).

Der Hirte sorgt sich um Einzelne. Als Jesus in der Nacht auf dem Berg betete, dachte er auch an seine Jünger, die in Seenot geraten waren. Er eilte ihnen sofort zu Hilfe – direkt über das Wasser. So tickt der Hirte. Er ist nahe. Er versteht Ehe- und Teenagerprobleme und vieles mehr. Für den Hirten ist nicht entscheidend, wie fähig jemand ist. Er sieht den Menschen, darum ist der Hirte so beliebt. Manchmal wird er aber auch ausgenützt.

Der Hirte baut ein stabiles Beziehungsnetz. Er ist nicht gern in Zelten unterwegs wie der Apostel und der Prophet. Er möchte feste Häuser bauen. Der Leiter einer Kleingruppe sollte beispielsweise ein Hirte sein.

Wenn Hirten nicht mit Aposteln und Propheten zusammenarbeiten, werden Menschen unter der Leitung von Hirten auf sich selber fixiert bleiben. Wenn Hirten im Team arbeiten, lernen sie, auf Himmel und Erde gleichzeitig ausgerichtet zu sein. So entsteht eine Erweckungskultur. Hauskreise sind dann wichtig, aber nicht *das* Heilmittel. Anstatt Menschen an sich zu binden, führen Hirten in die Gegenwart Gottes, auf saftige Weiden des grossen Hirten.

Der Dienst der Evangelisten

Die Motivation des Evangelisten ist, Seelen für Jesus zu gewinnen. Wenn das in einer Gemeinde nicht geschieht, dann sind alle anderen Dienste im Grunde genommen sinnlos. Darum braucht es Evangelistinnen und Evangelisten.

Wir geben alle Rechenschaft über unseren Glauben. Aber dem Evangelisten macht der Kontakt mit Nichtchristen richtig Spass. Jesus als Evangelist spürt mitten in der Menschenmange in Jericho: Dieser Zachäus auf dem Baum, der bekommt heute seine Chance. Und durch die Begegnung mit Jesus wird Zachäus völlig verwandelt.

Der Evangelist sieht hinter die Maske. Er spürt die Sehnsucht in Menschen, spürt die Verlorenheit in ihnen.

Und er findet die angemessenen Worte. Er redet eindeutig von dem, was uns von Gott trennt, wie wir Gott finden und wie wir ihm nachfolgen können. Evangelisten sind kreativ in der Art und Weise, wie sie über Jesus reden.

Der Evangelist glaubt, dass hier und jetzt Entscheidungen für Jesus gefällt werden müssen, darum macht er Aufrufe, spricht gern im Imperativ. Die Unbekehrten sind ihm wichtiger als die Bekehrten; und manche Evangelisten meinen, jeder müsse wie sie ticken.

Viele Gemeinden sind wie gelähmt, wenn es ums Thema Evangelisation geht. Der Evangelist hat die Fähigkeit, andere, noch verborgene Evangelisten aufzuspüren, sie zu motivieren und anzuleiten.

Dienste in Schieflage

Der Apostel für sich allein wird zum Überflieger, die Wärme des Hirten fehlt. Der Prophet als Einzelkämpfer ist gefährdet, er verkommt zum unverstandenen Kauz. Die Lehrer haben wir in den evangelischen Kirchen oft zu Leitern gemacht. Und das Übergewicht der Lehrer hat in der Kirchengeschichte zu Streit und Spaltungen geführt. Die Lehrer stehen in der Versuchung, alles logisch erklären zu wollen. Das ist einseitig, weil dadurch das Übernatürliche, das göttliche Eingreifen ausgeklammert wird. Viele Kirchen sind diesen Erklärungen erlegen und leeren sich. Aber Gott möchte mit seiner Kraft in unseren Gemeinden präsent sein. Die Evangelisten schliesslich haben wir Landeskirchler oft zu freikirchlichen Spezialisten degradiert.

Wenn jeder Dienst nur für sein eigenes Anliegen brennt, aber die anderen Dienste nicht einbezieht, dann geht es mit dem Gemeindeleben bergab. Gott selber macht ja sein Werk nicht allein – er hat die Maria miteinbezogen. Auch Jesus macht es nicht allein – er beruft seine Jüngerinnen und Jünger. Ebenso macht es der Heilige Geist nicht allein – er wirbt darum, dass du und ich im Reich Gottes mitwirken.

Die Leitungsstruktur, wie Gott sie meint, ist ein Teammodell aller fünf Dienste. Da geht es in aller Verschiedenheit um Achtung und Wertschätzung, um das Sich-Ergänzen, um ein Netzwerk. Es gibt keine Alleinunterhalter, kein «Jeder kann alles». Sondern: Du hast etwas, was ich nicht habe, und ich brauche dich als Ergänzung. Es ist eine Kultur der gegenseitigen Wertschätzung.

Mein Strickmuster

Jede Frau und jeder Mann hat ihr bzw. sein ganz persönliches Strickmuster. Der erste Pulli, den meine Frau für mich gestrickt hat, hatte ein eindrückliches Schachmuster und wurde mit viel Liebe gefertigt. Genauso wie ein Pullover haben wir alle ein inneres Strickmuster. Unsere Identität, die wir vom Schöpfer erhalten haben, können wir mit einem individuellen Strickmuster vergleichen. Wir sind xx oder xy gestrickt. Zusätzlich haben wir ein eingestricktes Familienmuster. Und der Schöpfer hat auch ein Dienstmuster kunstvoll eingewoben. Ist es nicht spannend, herauszufinden, wie du «gestrickt» bist? Und wir ehren die, die anders gestrickt sind. Denn zusammen sind wir der Leib des Christus.

Gott will, dass wir unser Strickmuster entdecken und mit unseren geschenkten Gaben in der Gemeinde mitmischen, hier unseren Teil beitragen. Unsere vielfältigen Begabungen können den fünf Diensten zugeordnet werden. Diese fünf Dienste brauchen Menschen, die sich mit ihren Gaben einbringen. Bei welchem Dienst schlägt dein Herz höher? In welchem Dienst möchtest du mitarbeiten? Wer von uns gehört zu welchem Dienst?

«Christus versorgt den Leib und verbindet die Körperteile miteinander. Jedes einzelne leistet seinen Beitrag. So wächst der Leib und wird aufgebaut in Liebe» (Epheser 4,16).

Christus nimmt uns in seine Hände

Jesus befahl ihnen, dass sich alle fünftausend in Tischgemeinschaften ins grüne Gras lagern sollten. Und sie setzten sich in Gruppen zu hundert und fünfzig. Jesus nahm die fünf Brote und die zwei Fische, blickte zum Himmel auf und segnete die Gaben, brach die Brote und gab sie den Jüngern zum Verteilen.

Markus 6,39–41

Christus hat mit allen das Brot geteilt. So geschwisterlich nahe stellt er sich zu uns. Er bittet uns an seinen Tisch, und wenn's keinen Tisch hat, bittet er uns ins Gras. Er teilt aus: sein Leben, seine Zuversicht, seine Lebenskraft. Durch seine Vergebung werden wir in das Leben Gottes hineingenommen. Dann sendet Christus uns in die Welt zurück – als seinen Leib, sein Brot.

Mir ist aufgefallen, dass die Worte Jesu hier bei den fünftausend Hungrigen genau dieselben Worte sind, wie er sie vor dem Abendmahl spricht: Jesus *nahm* das Brot, *seg-*

nete es, *brach* es, *verteilte* es. Jesus lehrt uns mit diesem kurzen Ausspruch, was er mit uns Christinnen und Christen tut. Wir sind ja sein Leib. Wir sind das Brot in seinen Händen. Wir machen den gleichen Prozess durch wie das Brot. Was mit dem Brot geschieht, geschieht auch mit uns.

Jesus *nahm* das Brot in seine Hände

Jesus nimmt uns in seine Hände. Das löst bei mir ein Glücksgefühl aus. Jesus nimmt mich an. Ich bin in seinen Händen. Lass es einen Moment an dich heran: Wir sind in seinen Händen. Wir sind Berührte.

Damit signalisiert Christus auch einen Anspruch, seinen Willen. Aber Christus hat Feingefühl wie ein zarter Taubenzüchter, der seine gefiederten Freunde sicher nicht verletzt.

Wir nähern uns hier wieder dem tiefen Geheimnis: Gott hat Gestaltungskraft – aber jeder Mensch ist eigenständig. Ich habe Eigenverantwortung. Ich könnte mich Gott entziehen. Ich könnte zu Gott sagen: «Lass mich in Ruhe, rühr mich nicht an!» Darum nützt es überhaupt nichts, wenn wir über die Weltzustände klagen oder gar Gott anklagen. Die Gräueltaten auf unserer Erde haben damit zu tun, dass sich Menschen – auch christliche – der schützenden und gestaltenden Hand Gottes entwunden haben. Wir können dankbar für alle Politikerinnen und Politiker beten, die mit riesigem Aufwand um Frieden ringen.

Wir werden Christinnen und Christen, indem wir zulassen, dass Christus uns mit seiner Hand und mit seinem Geist formt. Wir sind keine Marionetten, doch in Gottes Hand werden wir zu Friedensstiftern. Christus nimmt mich und er nimmt dich.

Jesus *segnete* das Brot

Jesus segnet uns auch. Das griechische Wort für «segnen», *eulogeo*, setzt sich aus zwei Teilen zusammen: *eu* («gut») und *logeo* («sagen»). Was sagt Gott konkret über uns? Gutes! Gott sieht das Potenzial in dir. Gott sagt: «Ich traue dir das zu!» Es gibt eine gute Bestimmung über jedem Leben. Weil Gott segnet, wurde aus einem Saulus ein Paulus, aus einem Mörder ein tausendfacher Lebensretter. Willst du auch mit solch kraftvollen, verändernden, lebenspendenden Worten von Christus gesegnet werden?

Als Christ interessiert es mich, was Gott über mich sagt. In der Bibel sind viele Worte über mich ausgesprochen. Darum bin ich als Christ ein Hörer. Das erfordert meine Aufmerksamkeit und meine Zeit. Das erste Gebot Gottes an sein Volk beginnt mit «*Höre Israel!*» (5. Mose 6,4).

Manchmal haben Menschen über uns Schlechtes ausgesprochen – Unwahres, Verleumdungen, Verwünschungen oder gar Flüche. Wir können alle diese negativen Aussprüche zu Christus bringen, uns trennen von diesen belastenden Worten. Und dann von Christus neue Worte des Segens über uns empfangen. Grosse und Kleine können zum Segen oder zum Fluch für ihre Mitmenschen werden. Darum spricht Jesus zu uns: «Ich nehme euch und ich segne euch!»

Jesus *brach* das Brot

Jesus bricht seinen Leib. Sich brechen lassen löst Angst aus. Wer will schon zerbrochen werden?

Die Bibel berichtet von Menschen, für die das Leben nicht «easy» war, auch nicht «easy» wurde, weil sie an Gott glaubten. Sie erlebten Brüche, Zerbrüche. Ich selber erlebte Brüche in meinem persönlichen Leben und in meinem Beruf. «Lehrblätz», die schmerzten und nicht einfach zu verkraften waren. Erst in der Rückschau bekam ich oft eine andere Perspektive. Ich entdeckte, dass solche Brüche zu Wachstumsknoten werden können. Gott hatte mich in allem Zerbruch eben doch geführt und geformt.

Wir erinnern uns an einen der ältesten Texte im Neuen Testament. In Philipper 2 heisst es, dass Jesus sich sogar freiwillig in den Zerbruch begab. Er nahm den untersten Platz ein am Kreuz, im Tod.

Menschen, die ihre Brüche akzeptiert und verarbeitet haben, werden nahbar, sind verständnisvoller. Menschen mit Brüchen sind keine stolzen Überflieger, die auf alles eine womöglich fromme Antwort haben. Sie haben etwas durchgestanden, haben Gottes Treue erlebt, sind ihm nicht aus der Schule gelaufen, wurden erprobt.

Meine Frau und ich wurden in eine Gruppe von Verantwortungsträgern berufen. Als wir nachfragten, wie die Teilnehmer ausgewählt worden waren, war die Antwort: «Wir haben nur Leute mit einem Bruch in ihrer Biografie berufen.» Ich wage die gefährliche Frage: Was sollte bei dir infrage gestellt, vielleicht gebrochen werden? Bist du eher ein starres Holzscheit oder wie Brot in Jesu Händen?

Jesus *verteilte* das Brot

Jesus verteilt uns. Wir bleiben nicht in unseren Gemeinden sitzen. Wir gehen in unsere Stadt, unsere Region, zu den Menschen in Not. Damit es einen Unterschied macht, dass es uns Christinnen und Christen gibt. «*Ihr seid mein Leib*» – damit sagt Christus: «Ihr repräsentiert mich. Was ihr gegenüber Menschen in Not, gegenüber Kranken, Hungrigen, Blossgestellten tut – in eurem Verhalten möchte ich aufleuchten!» Christinnen und Christen handeln wie Christus. Auch wir waschen Füsse.

«*Nehmet, esset*», sagte Jesus zu der grossen Menschenmenge: Darf ich uns die Frage stellen, ob wir geniessbar sind für andere? Christus muss uns nehmen, segnen, brechen. Sonst liegen wir anderen schwer im Magen. Unsere Herausforderung ist, dass wir mit unserem Leben Christus weiterschenken, dass wir Brot sind für ...

Wem kannst du dich schenken? Für wen da sein? Wer kann durch dich Anschluss an das Leben erhalten? Wen kannst du ermutigen, nähren, trösten, aufbauen, für das Geheimnis des Christus gewinnen? Christus nimmt dich, segnet dich, vielleicht bricht er dich und teilt dich aus – wohin konkret?

Die schlechte Alternative wäre das private Picknick unter uns – statt Kirche für Hungrige, Durstige, Fremde, Arme zu sein. Papst Franziskus hat dazu geschrieben: «Mir ist eine verbeulte Kirche, die verletzt und verschmutzt ist, weil sie auf die Strassen hinausgegangen ist, lieber als eine Kirche, die aufgrund ihrer Verschlossenheit und ihrer Bequemlichkeit krank ist.»

Als Jesus die fünf Brote und die zwei Fische vermehrte, nahmen seine Jünger nicht vorab Proviant für sich selber. Sie verteilten das Essen zuerst. Anschliessend reichte es auch noch für sie. Darum warten wir als Jüngerinnen und Jünger nicht zu, bis wir genug für uns haben. Wir fangen jetzt an zu teilen, was wir von Christus empfangen haben. So werden viele satt. Am Schluss der Geschichte waren sogar zwölf Körbe übrig. Selbst der Kohldampf von Petrus wurde gestillt!

Wir sind wie der Notvorrat, der in schwierigen Zeiten verteilt wird. Lassen wir uns von Christus nehmen, segnen, brechen und verteilen.